쏙쏙 계이름 학습장 2

세광음악출판사

 계이름을 쓰세요.

 계이름을 쓰세요.

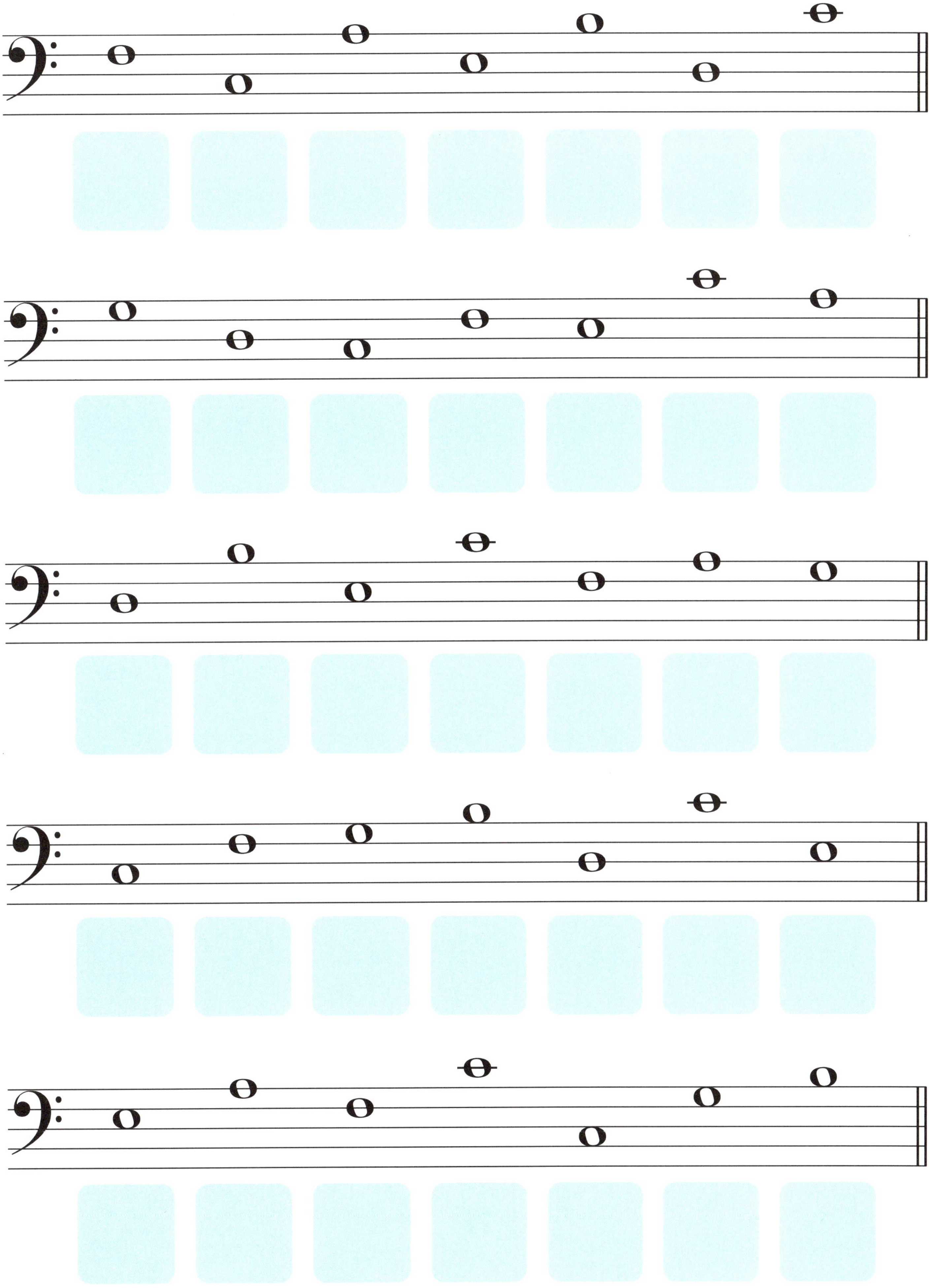

 계이름을 쓰세요.

계이름을 쓰세요.

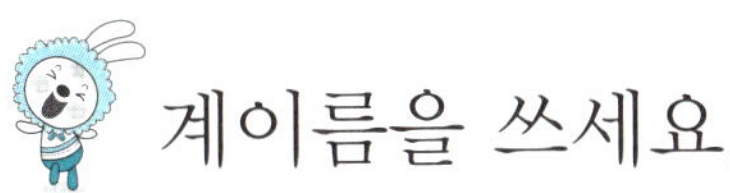

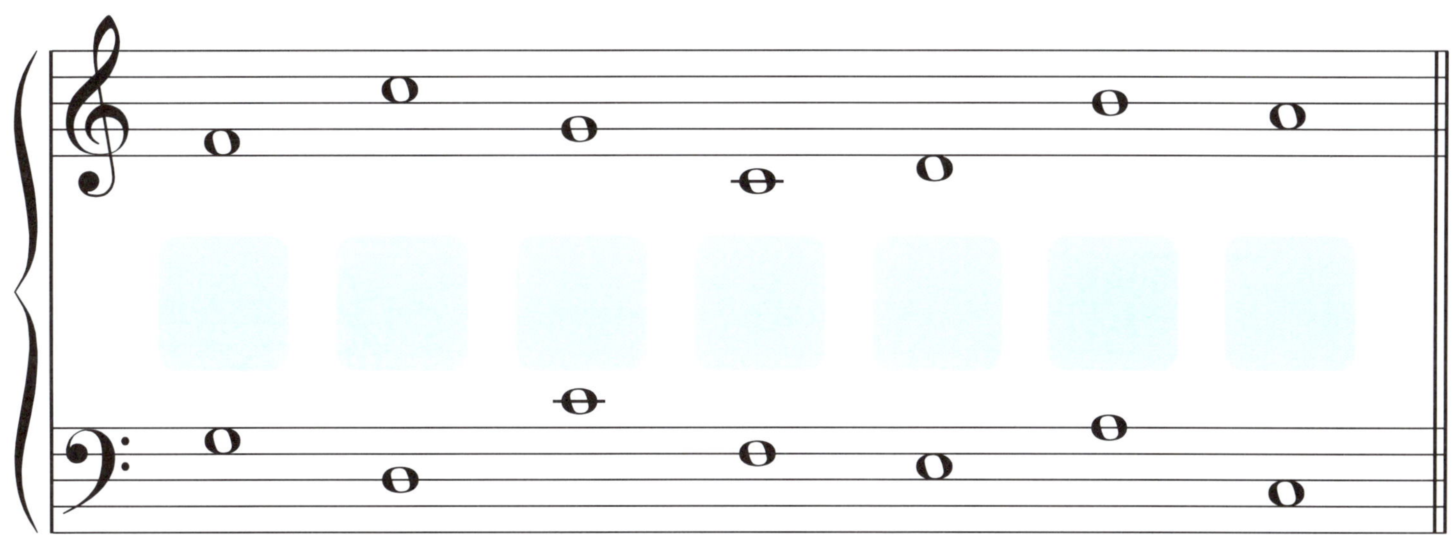

 건반에 맞는 계이름을 찾아 줄로 이으세요.

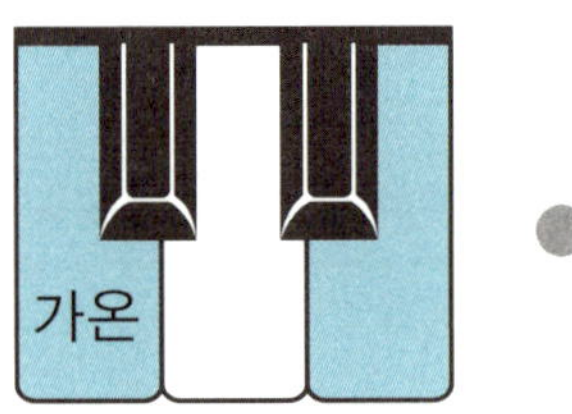

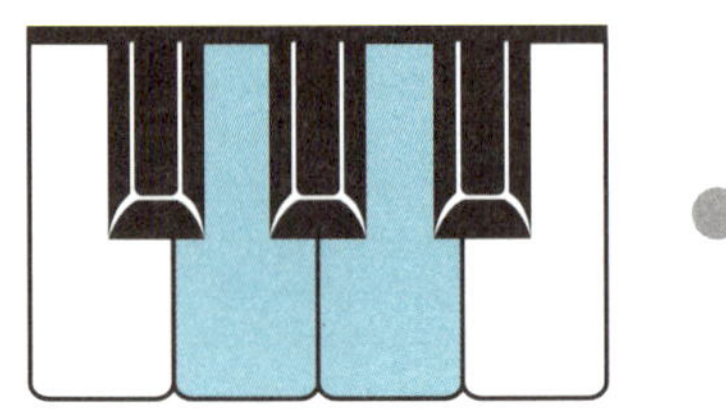

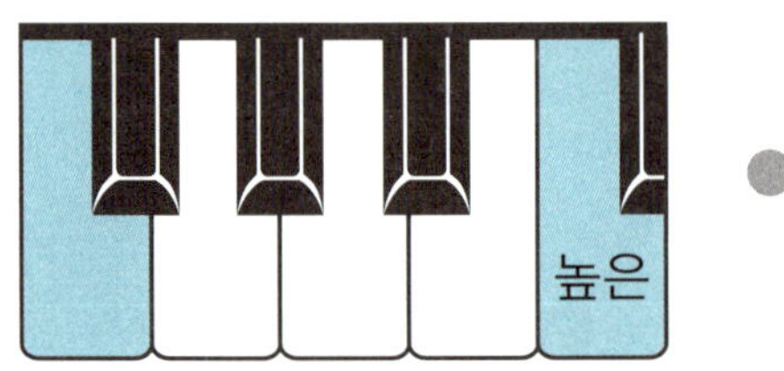

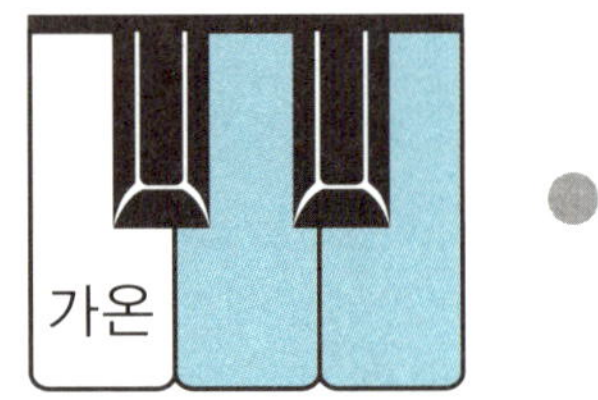

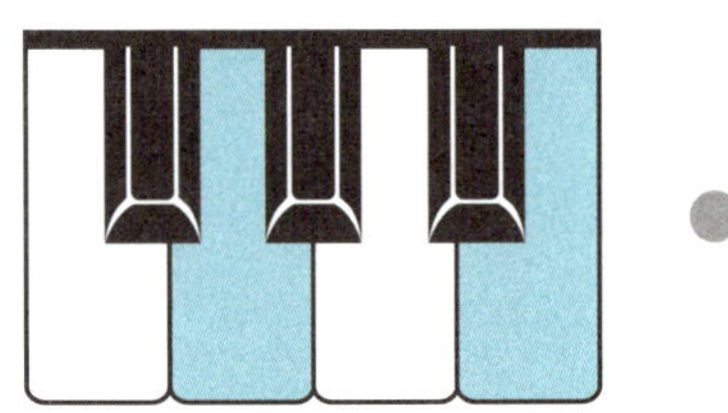

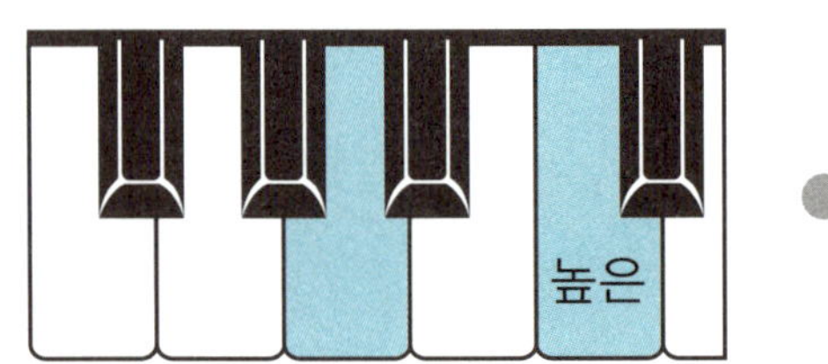

 건반에 맞는 계이름을 찾아 줄로 이으세요.

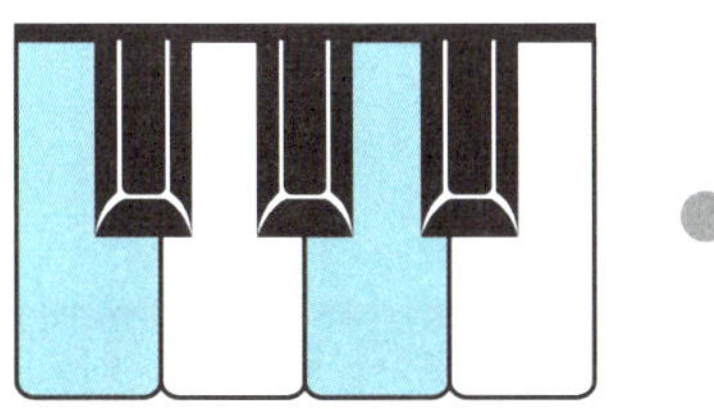

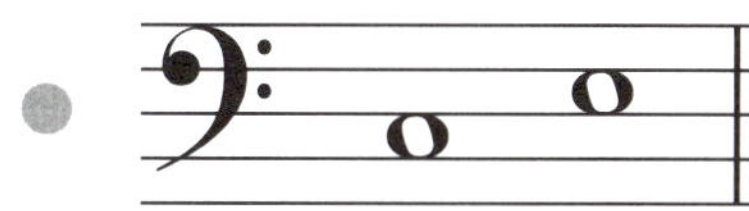

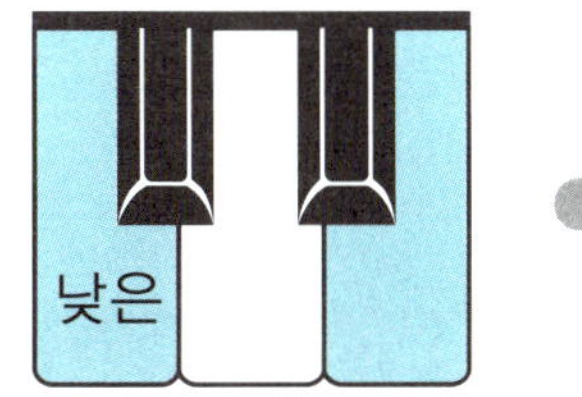

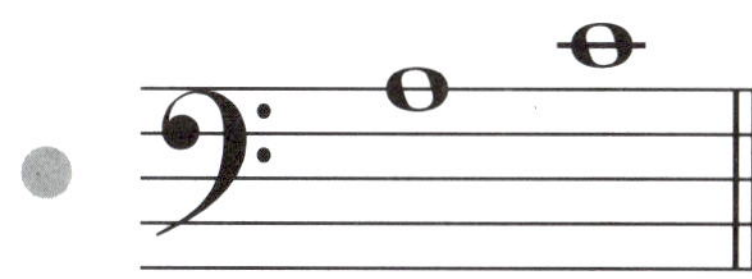

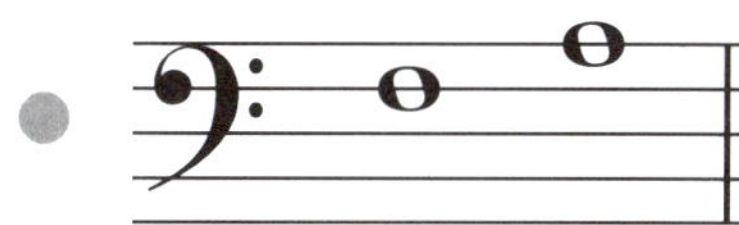

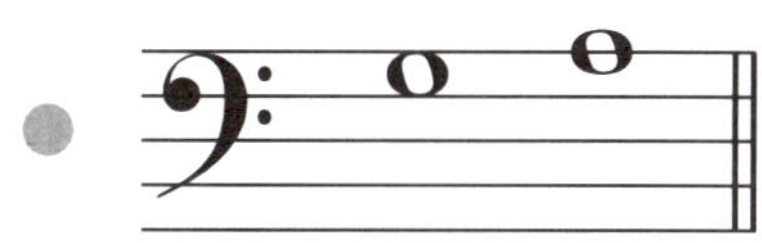

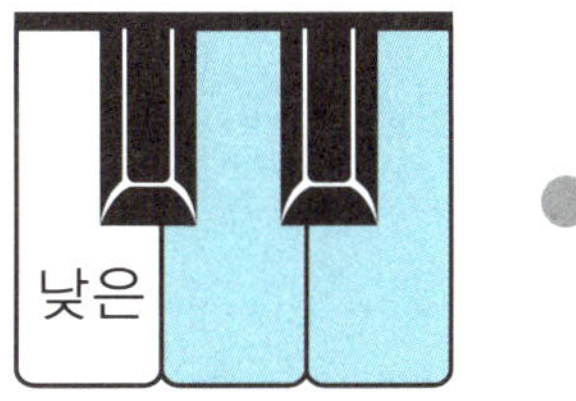

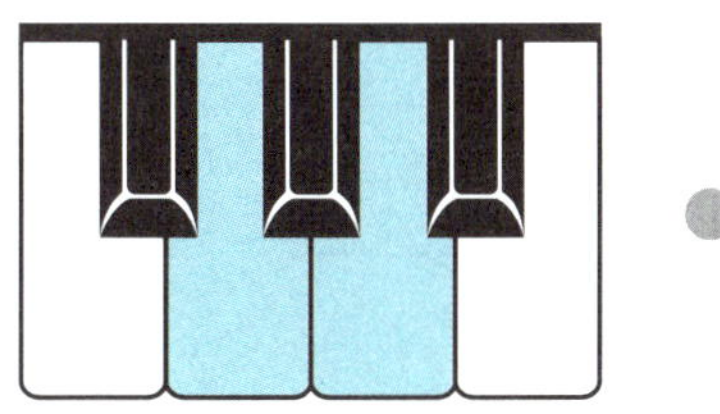

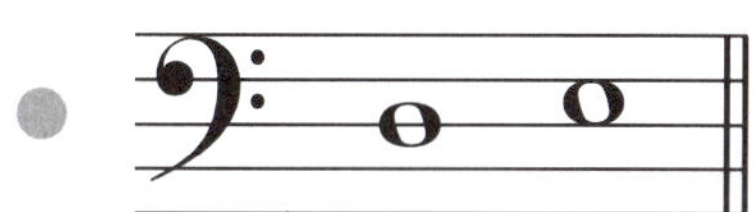

# 높은 도 ~ 높은 솔

음을 따라 그리고, 계이름에 맞게 건반과 연결하세요.

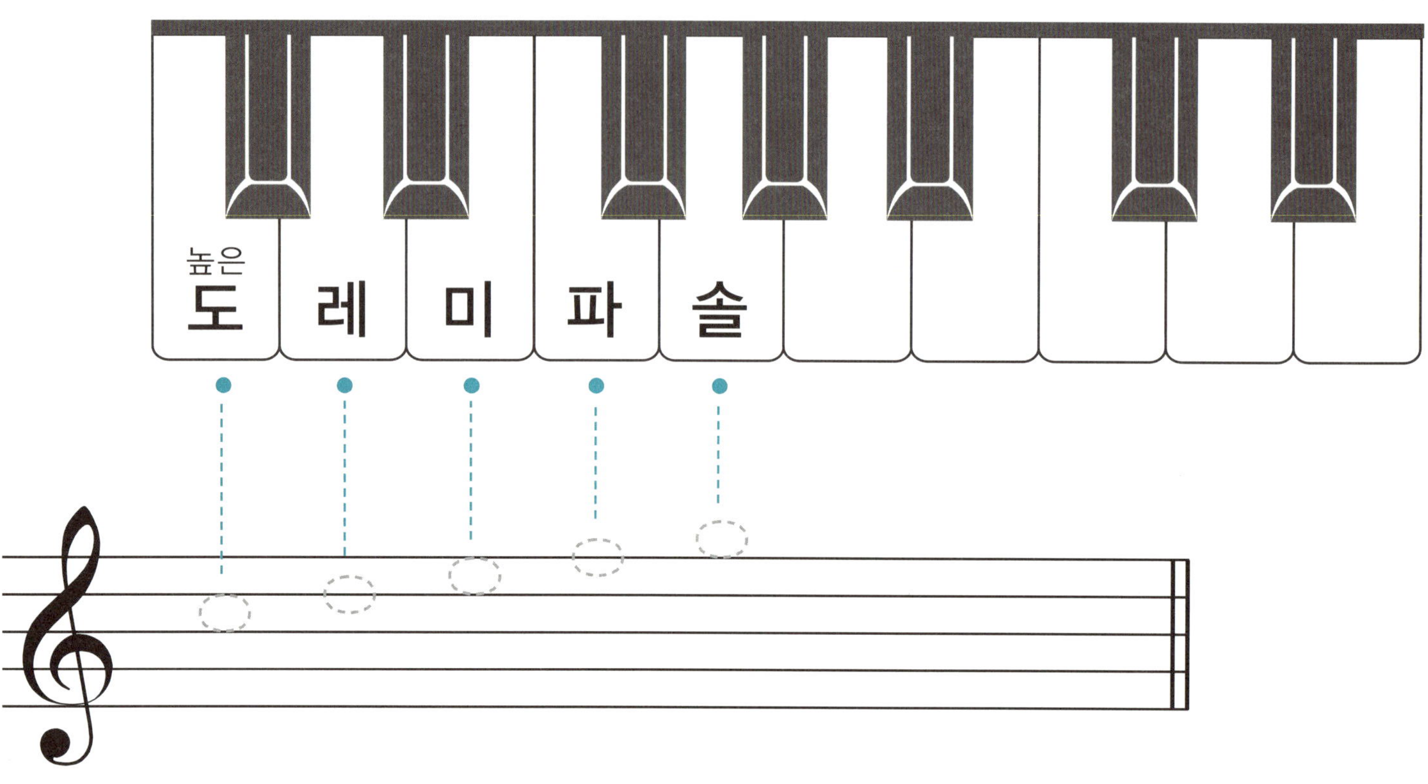

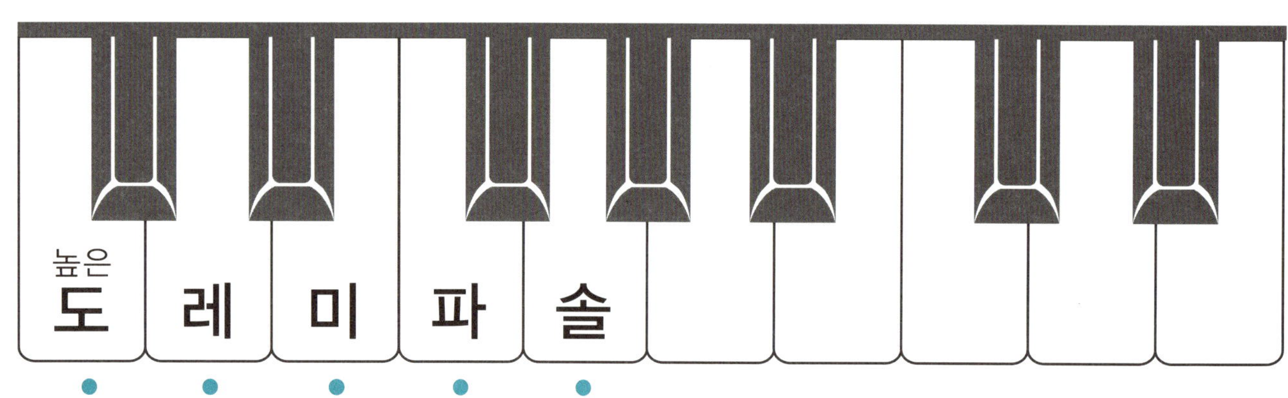

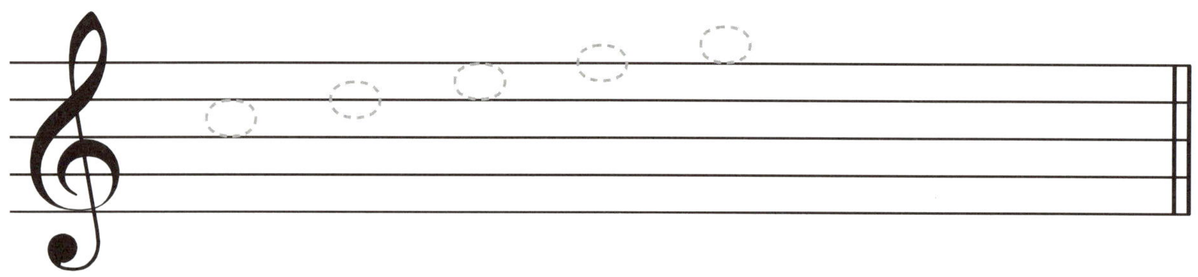

 음표를 따라 그리고, 계이름을 쓰세요.

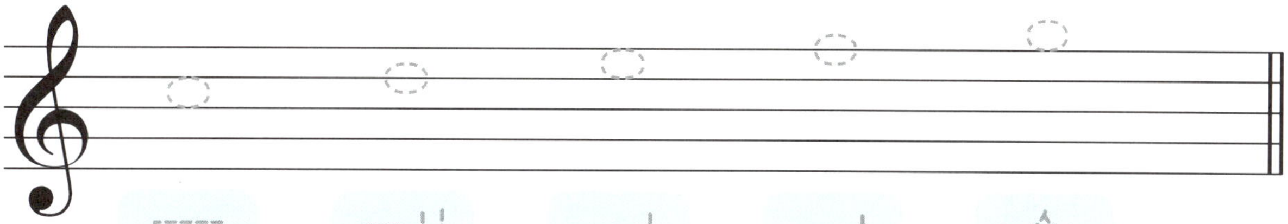

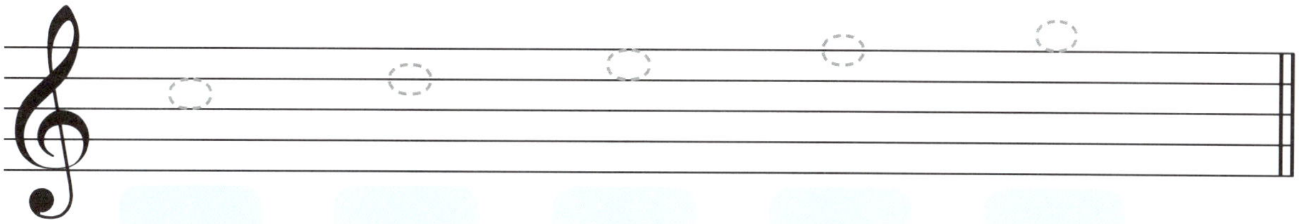

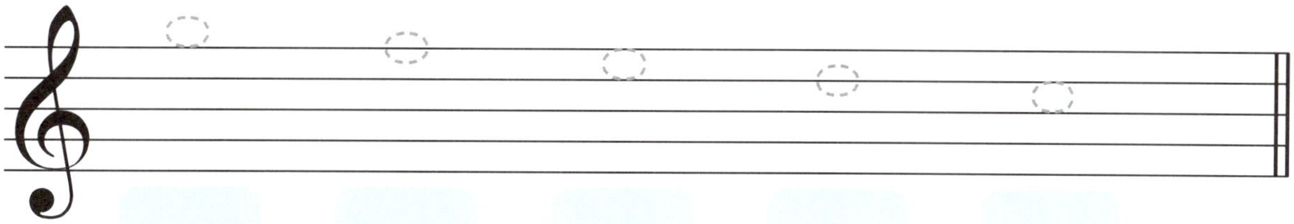

계이름을 쓰세요.
도

계이름에 맞게 음을 그리세요.

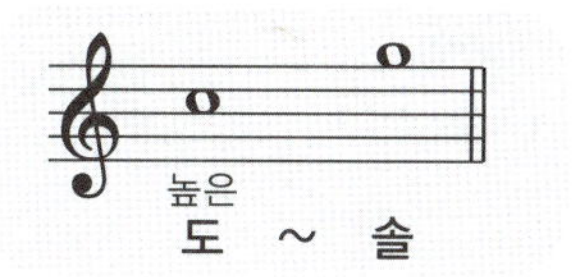

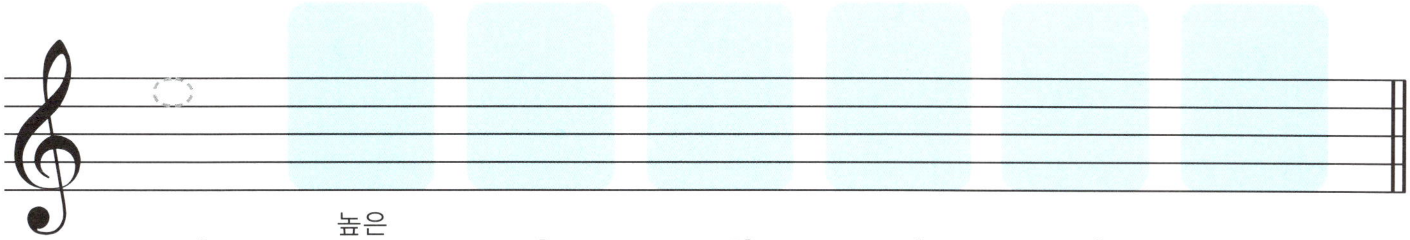

미 높은 도 솔 레 파 미 레

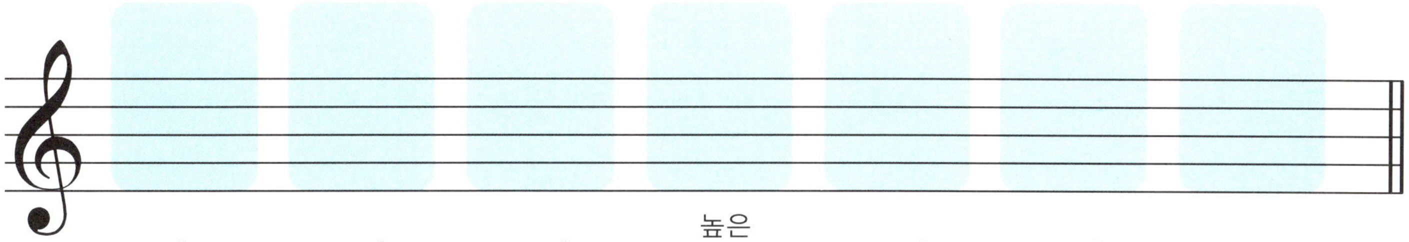

솔 파 미 높은 도 레 파 솔

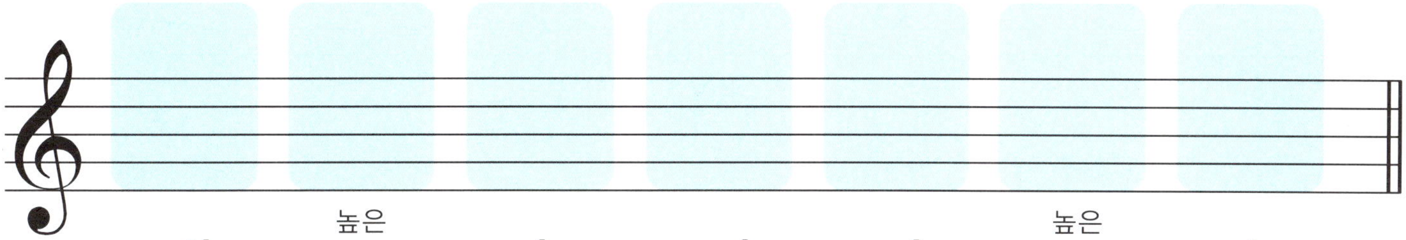

레 높은 도 솔 미 파 높은 도 솔

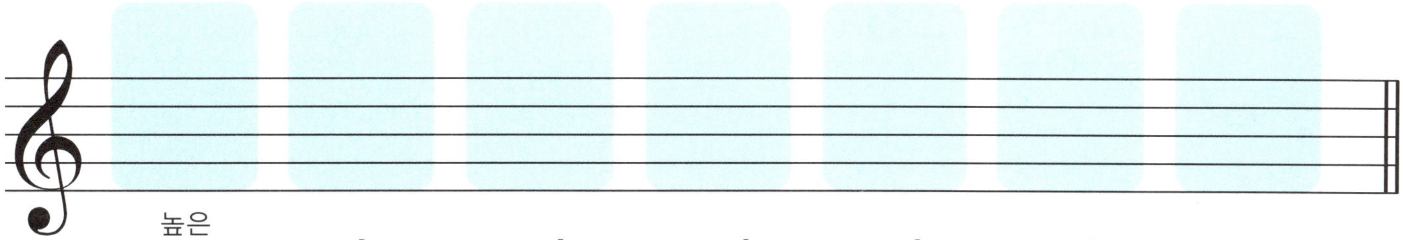

높은 도 솔 파 레 미 파 레

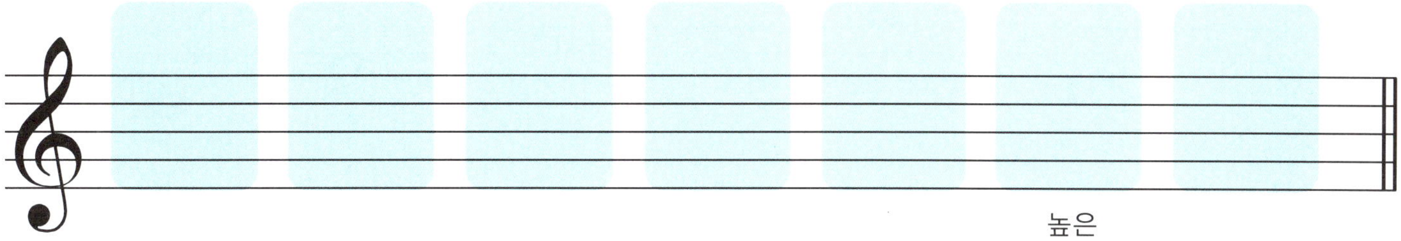

파 레 솔 파 미 높은 도 솔

음을 따라 그리고, 계이름에 맞게 건반과 연결하세요.

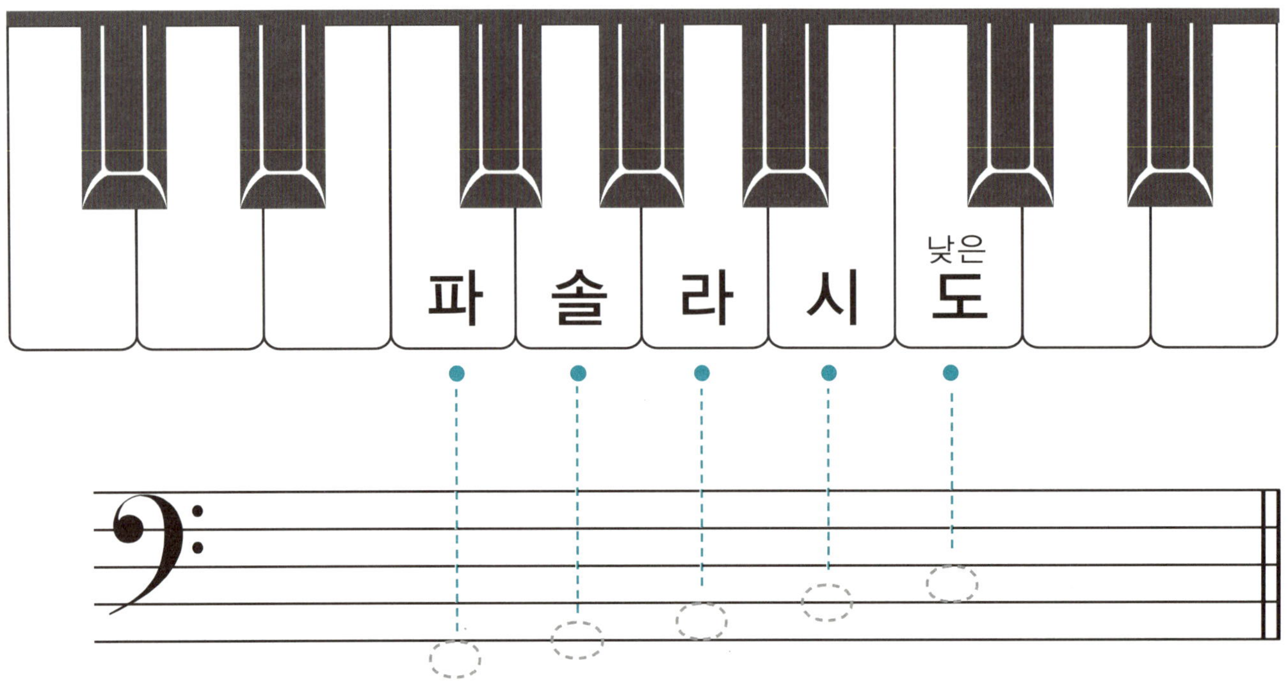

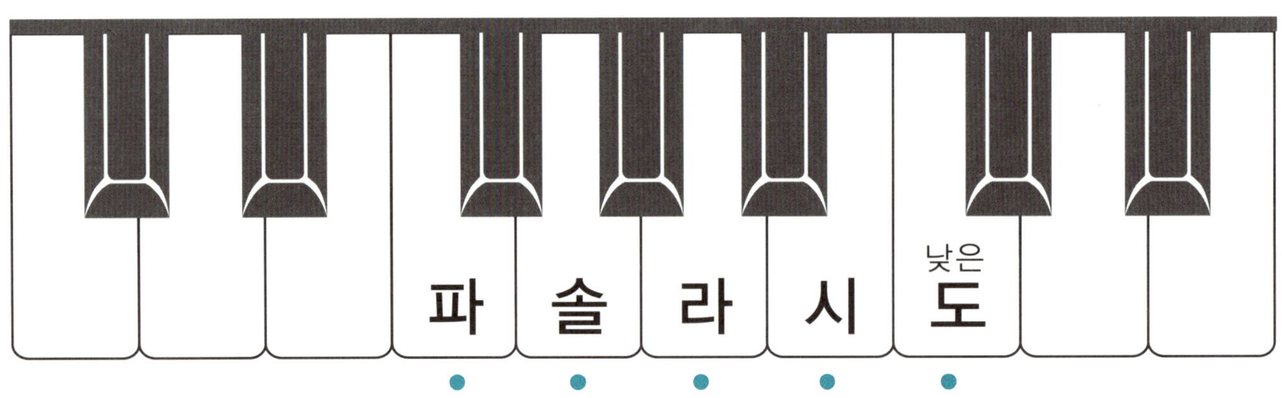

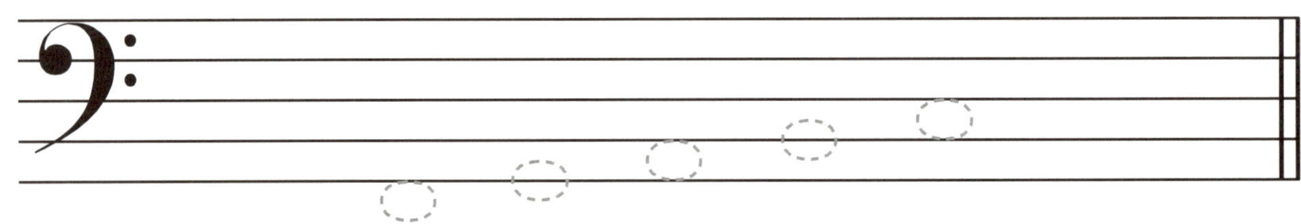

올라가기와 내려오기

 음표를 따라 그리고, 계이름을 쓰세요.

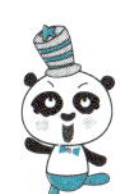

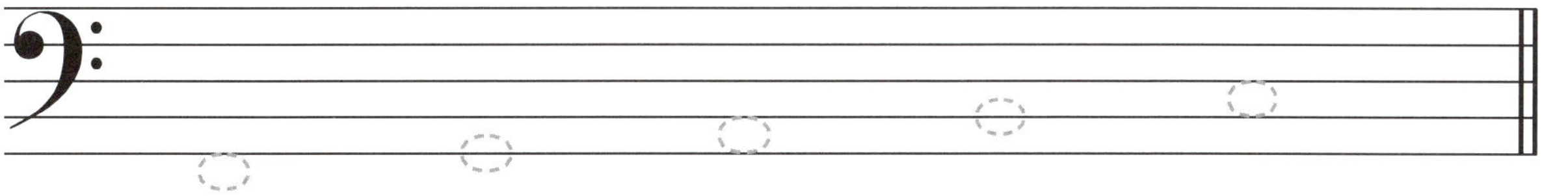

파 솔 라 시 도

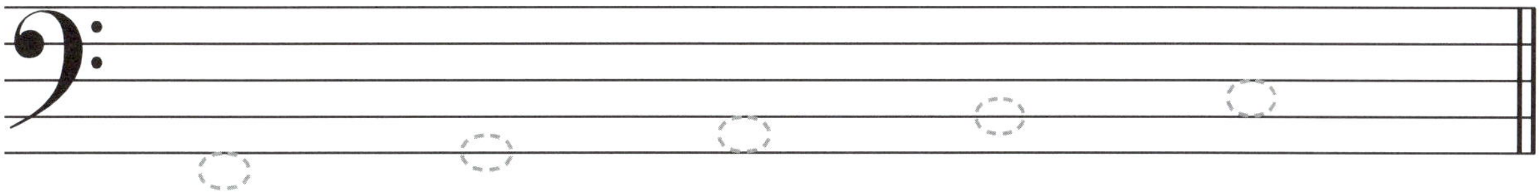

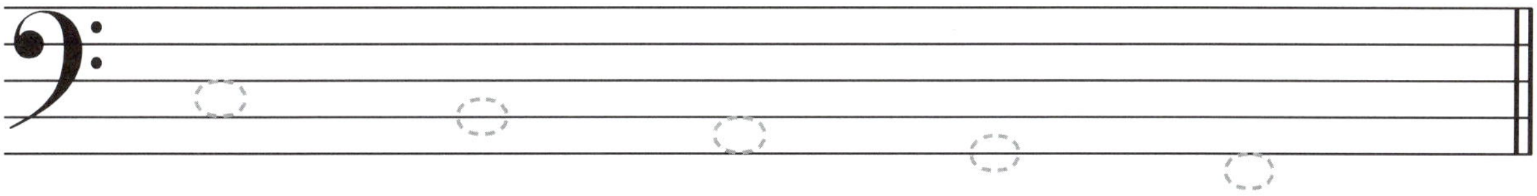

도 시 라 솔 파

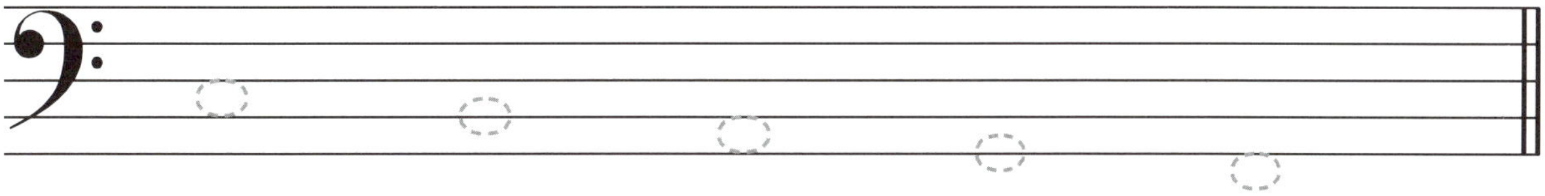

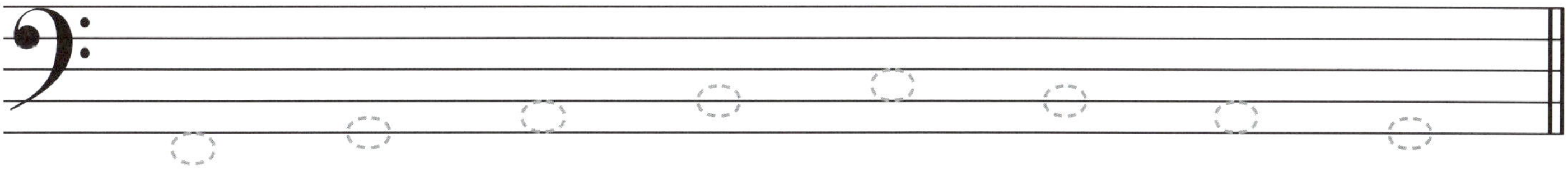

계이름을 쓰세요.

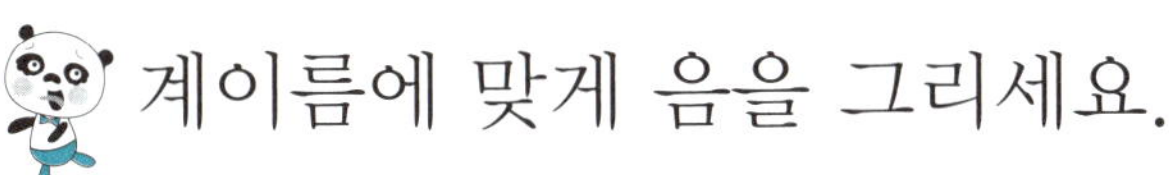

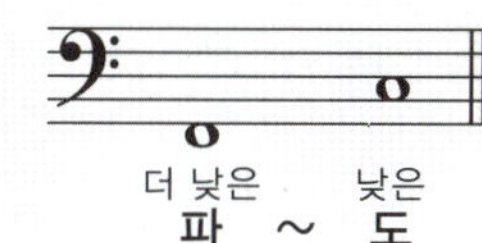

계이름에 맞게 음을 그리세요.

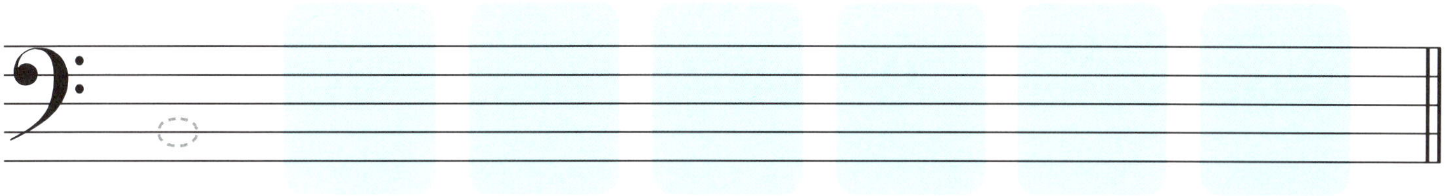

	낮은					낮은
시	도	파	라	솔	시	도

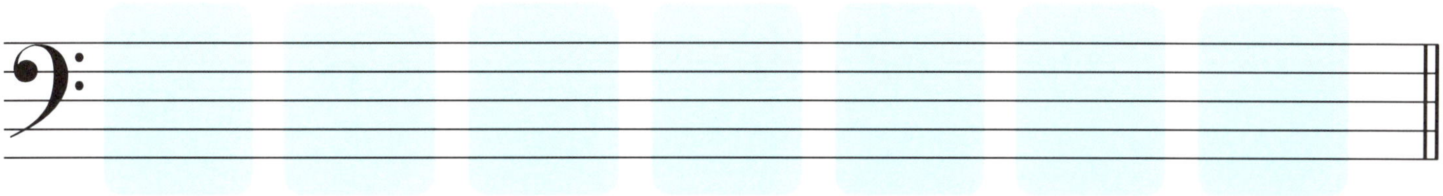

		낮은				
솔	파	도	라	시	파	솔

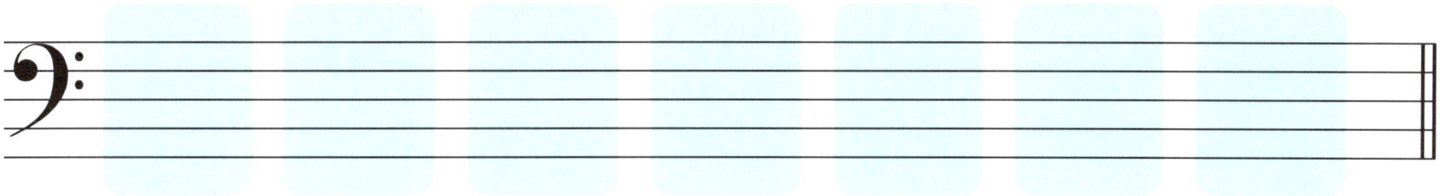

낮은				낮은		
도	파	라	시	도	솔	라

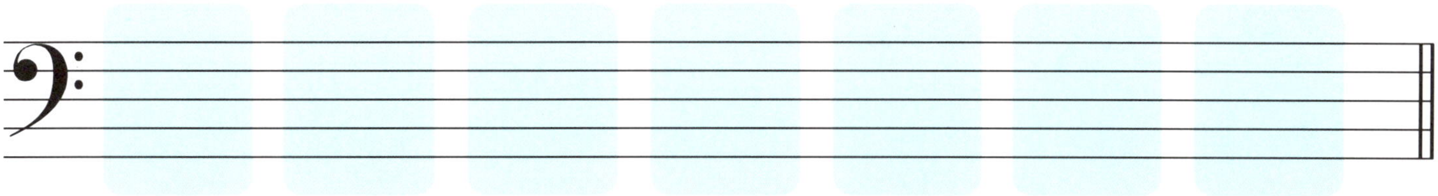

		낮은				
파	시	도	라	솔	시	파

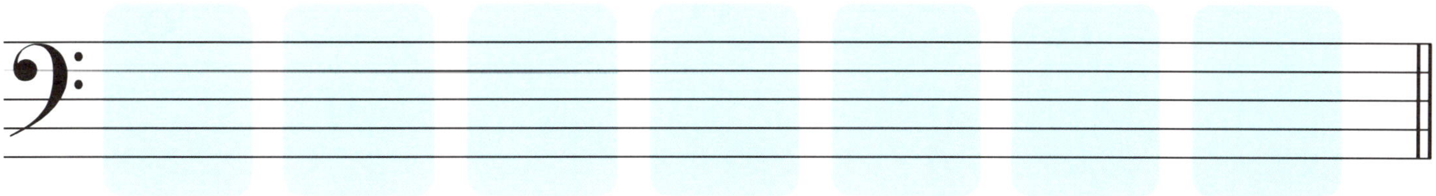

	낮은					
라	도	파	시	솔	라	시

계이름을 쓰세요.

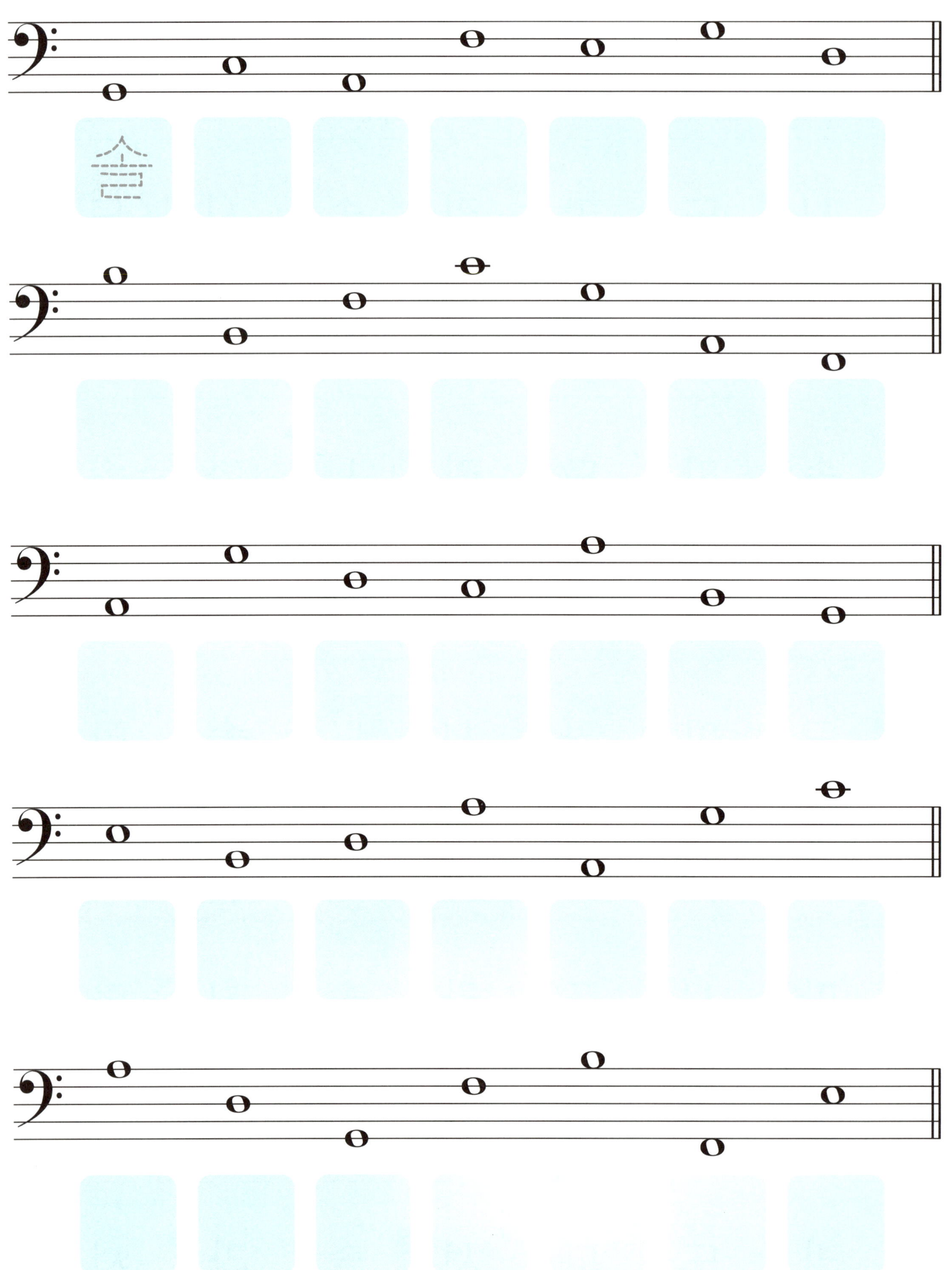

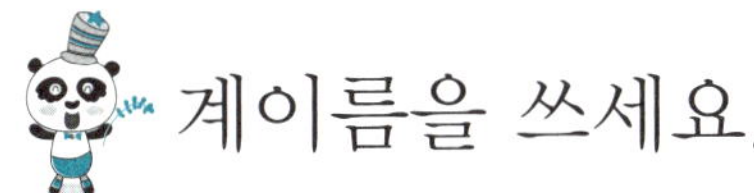

계이름을 쓰세요.

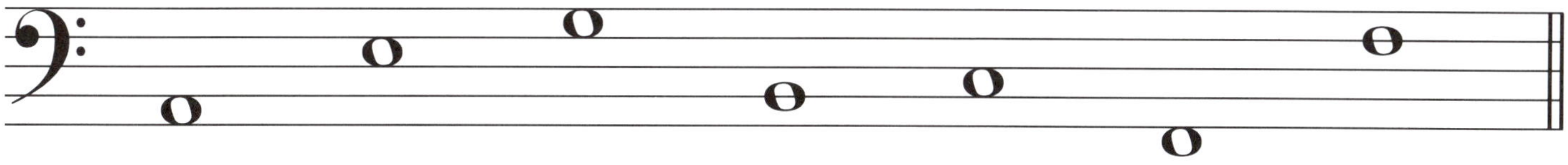

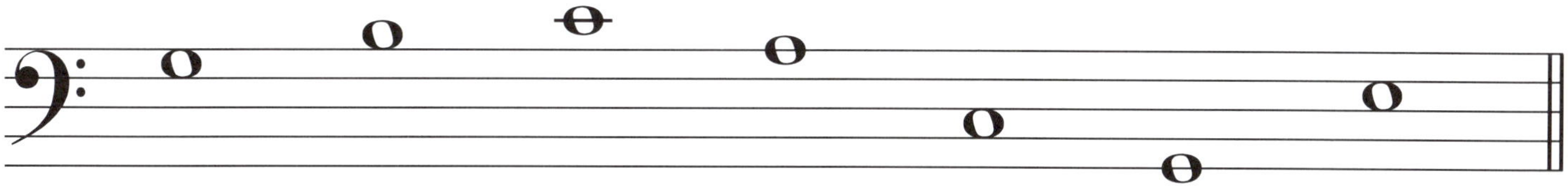

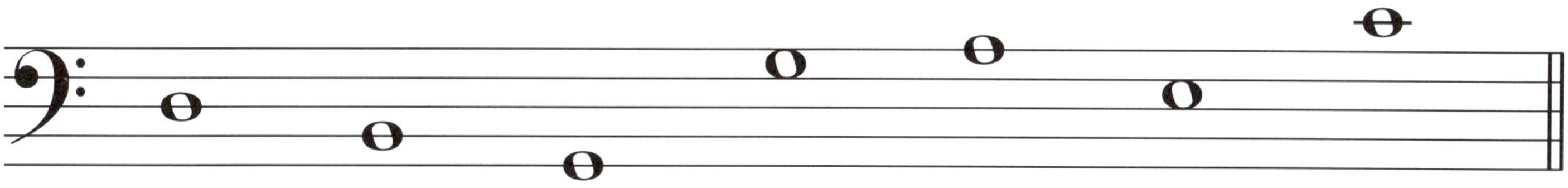

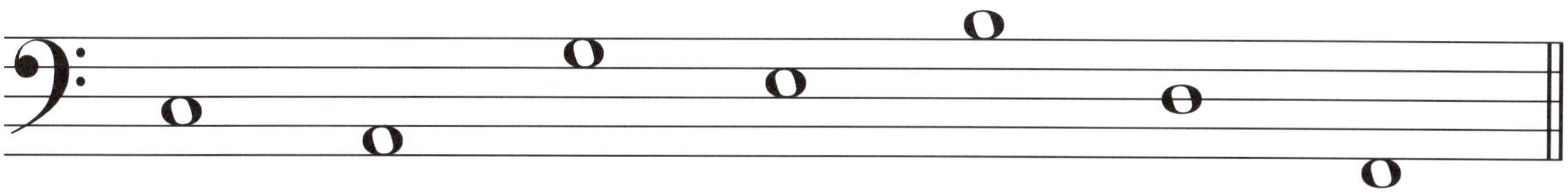

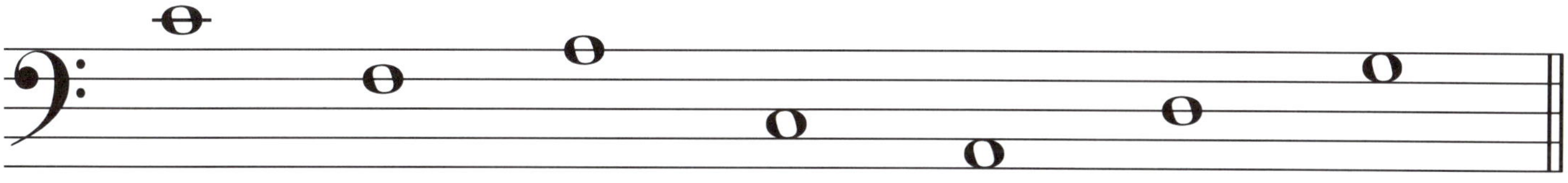

계이름을 쓰고, 맞는 건반을 찾아 연결하세요.

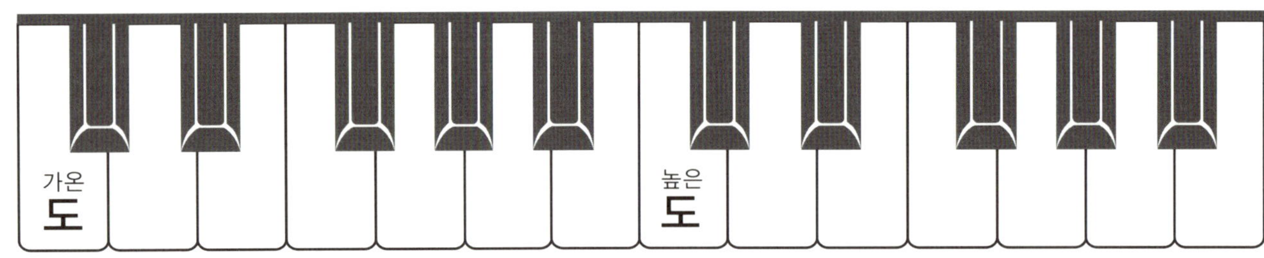

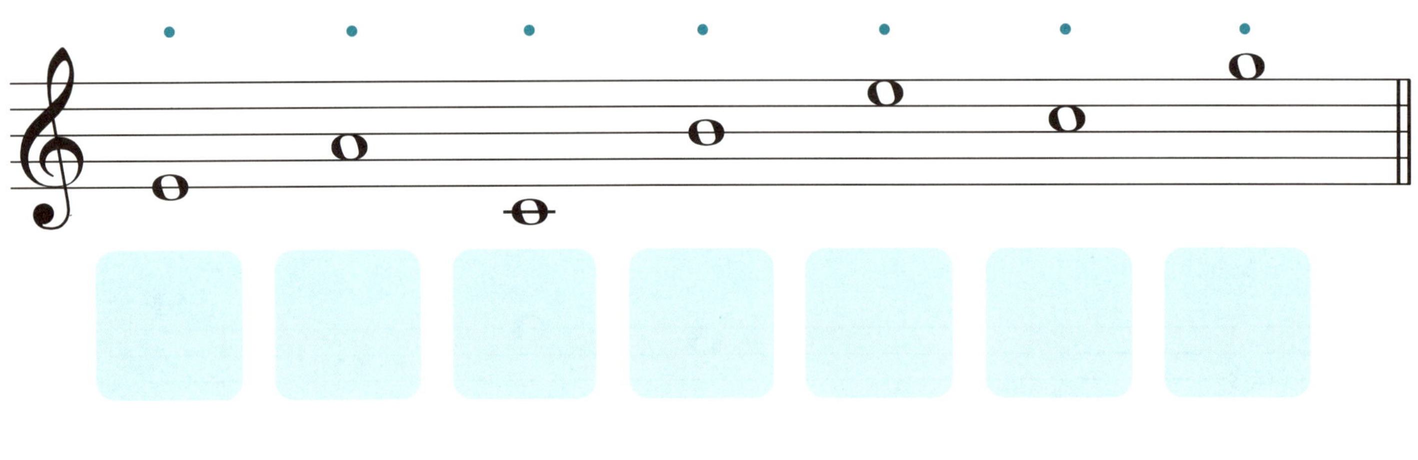

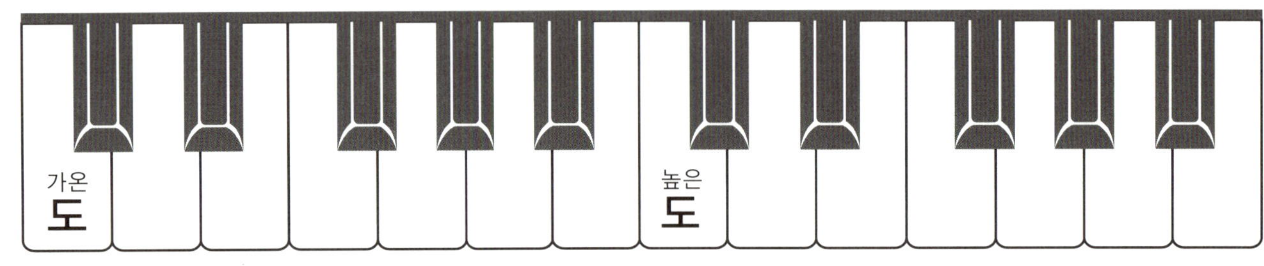

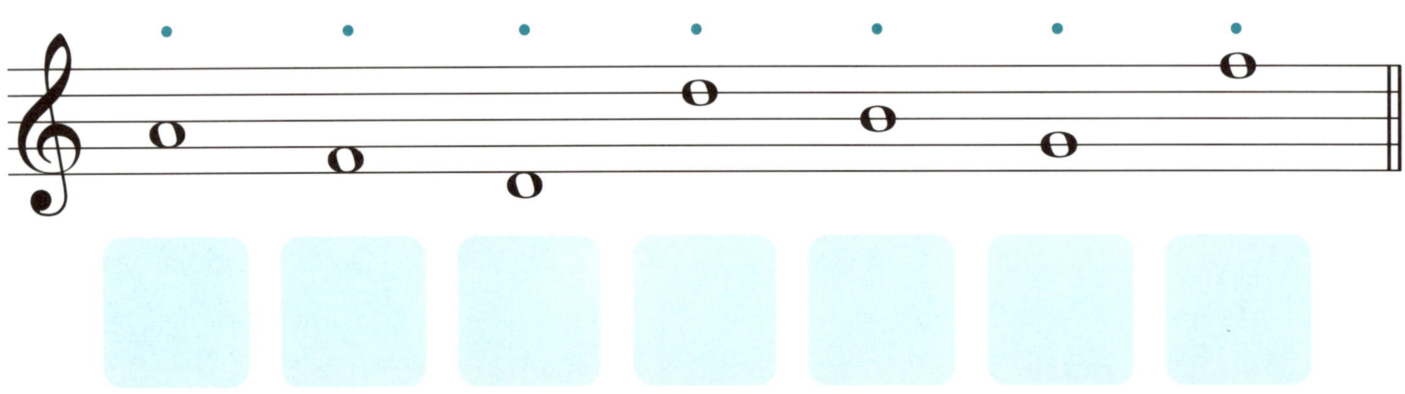

계이름을 쓰고, 맞는 건반을 찾아 연결하세요.

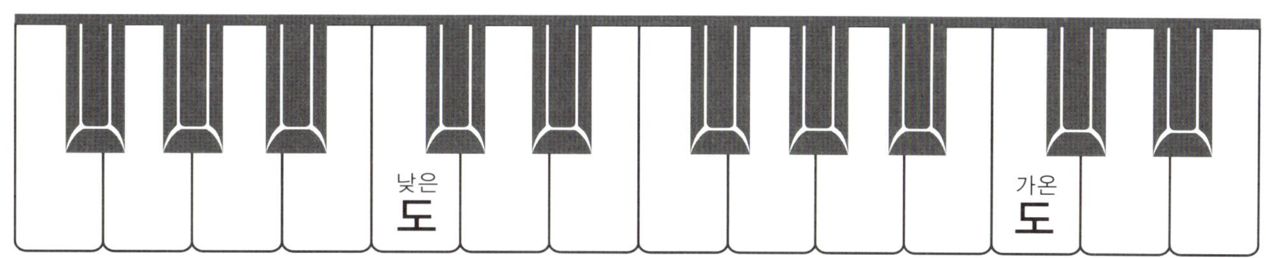

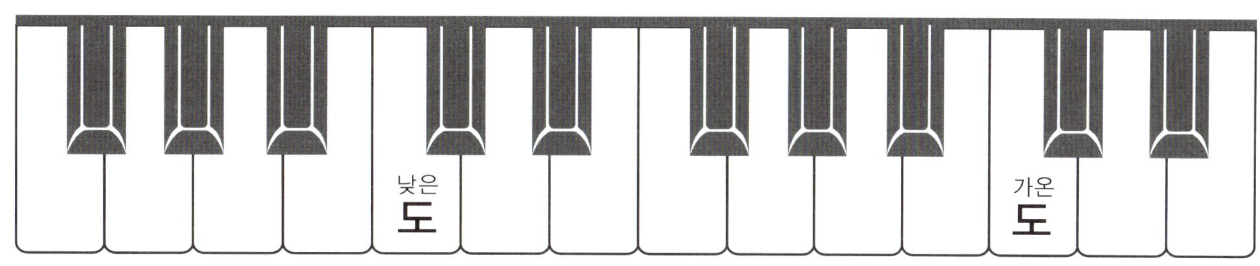

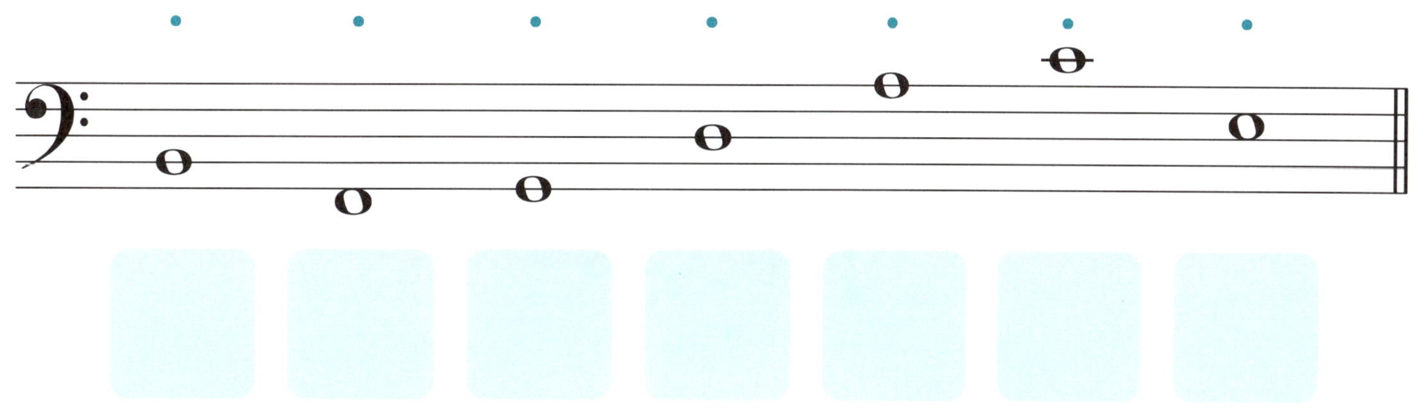

 계이름을 쓰세요.

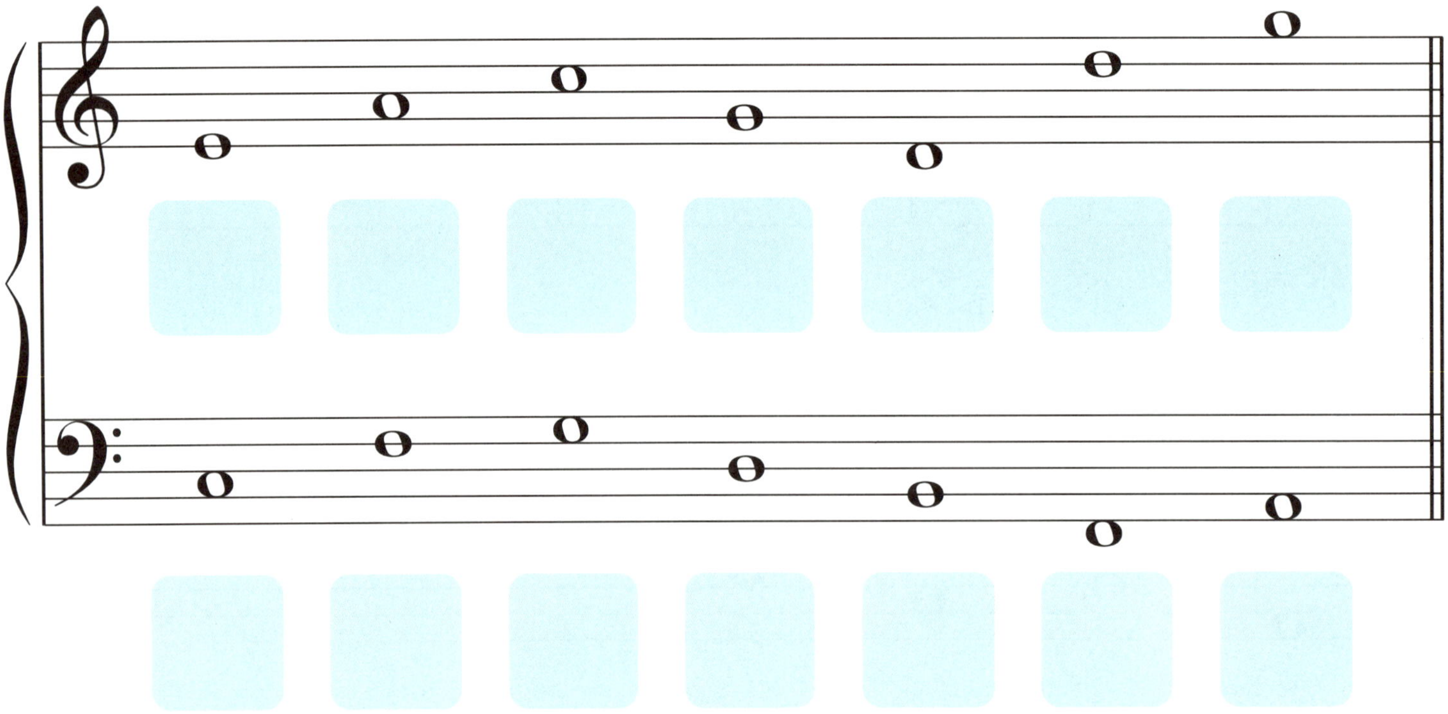

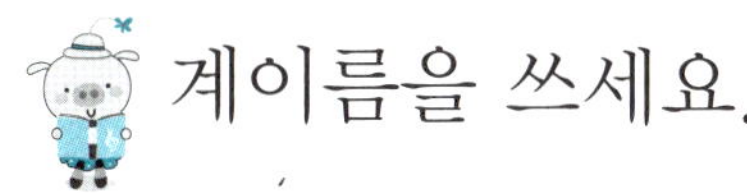

계이름을 쓰세요.

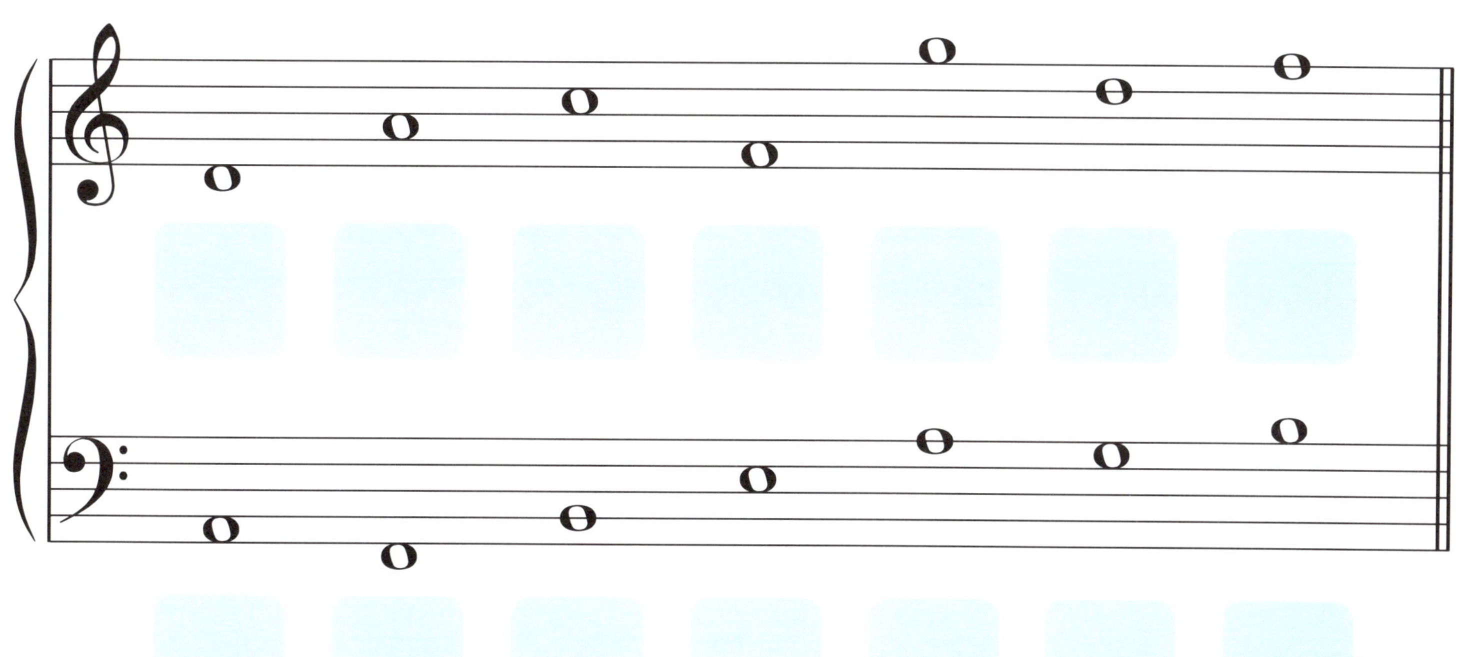

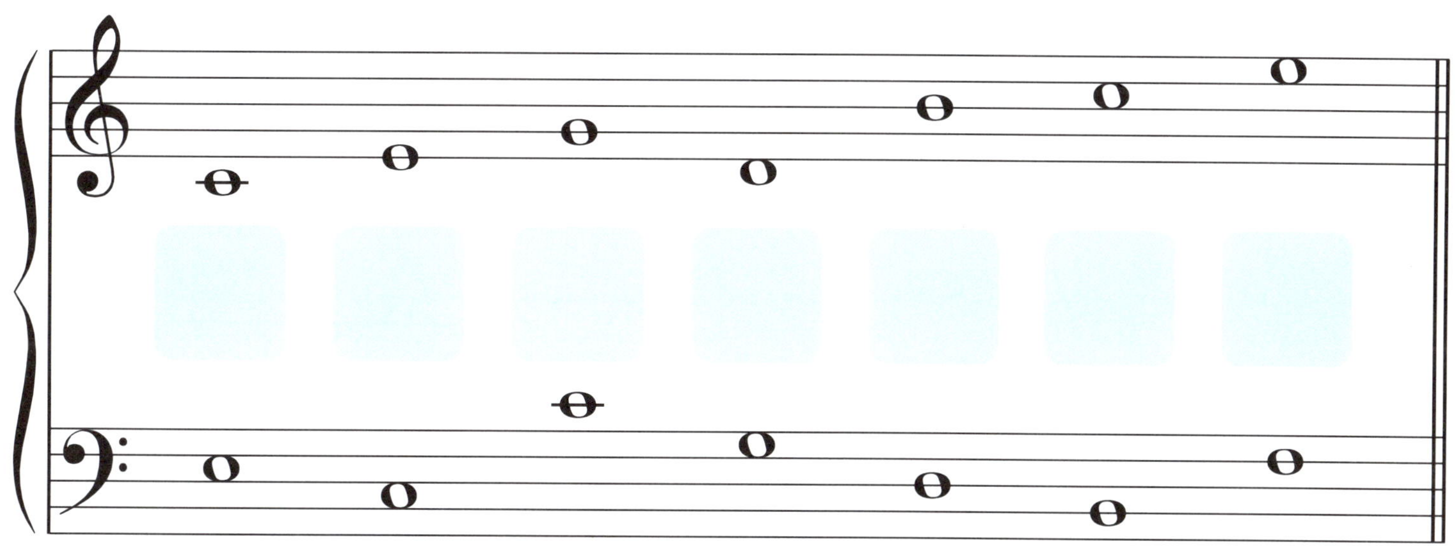

덧줄 · 덧칸

 점선을 따라 선을 그리고, 덧줄의 이름을 쓰세요.

위 셋째줄

위 둘째줄 →   ← 위 첫째줄

아래 첫째줄 →

아래 둘째줄

아래 셋째줄 →

 점선을 따라 선을 그리고, 덧칸의 이름을 쓰세요.

위 둘째칸 →

← 위 셋째칸

← 위 첫째칸

아래 첫째칸 →

← 아래 둘째칸

아래 셋째칸 →

25

 덧줄과 덧칸에 음표를 그리세요.

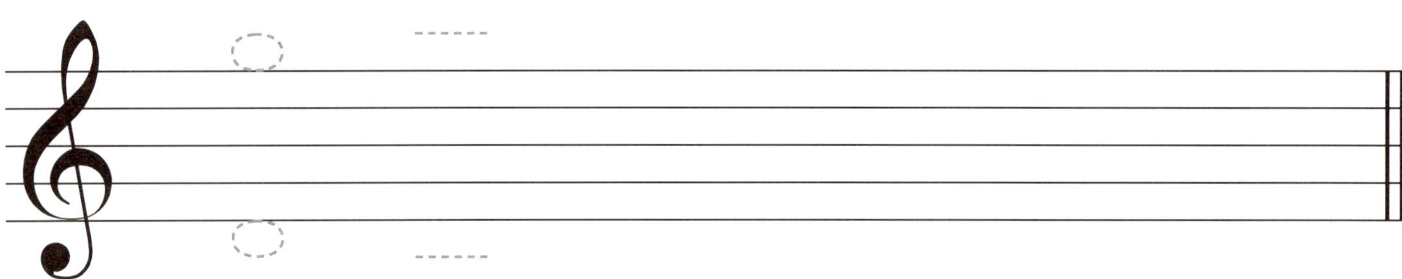

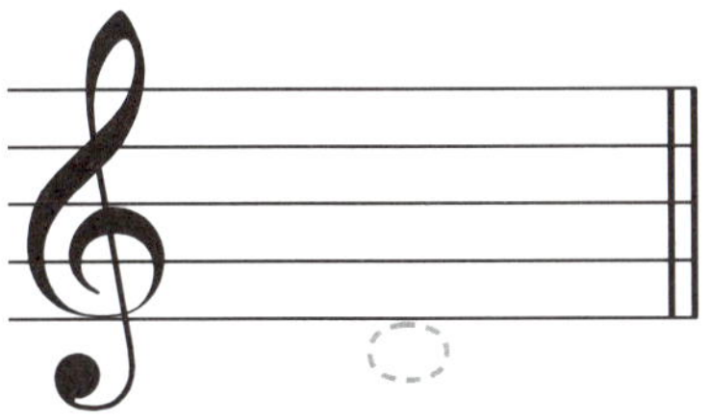

아래 첫째칸

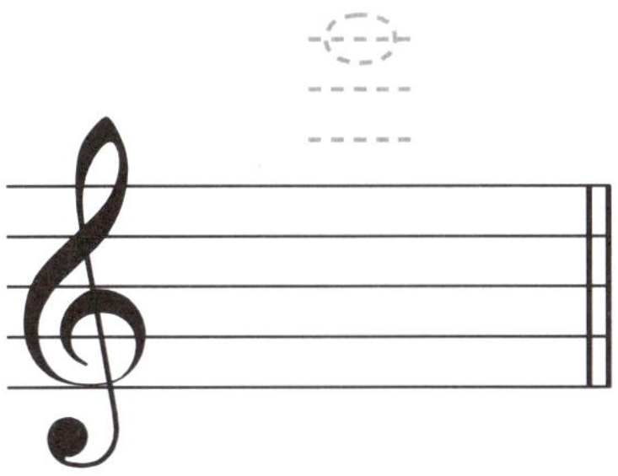

위 셋째줄

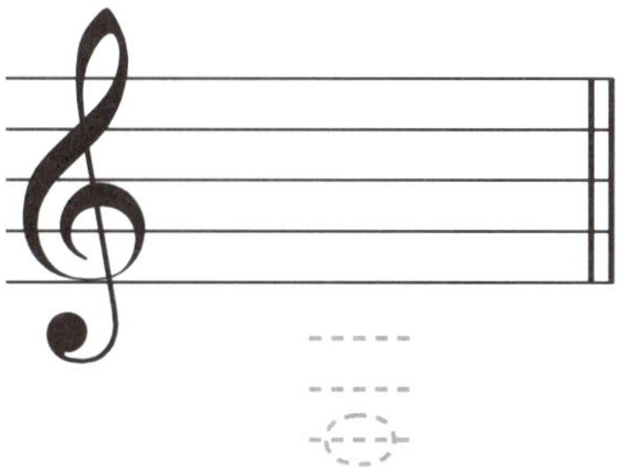

아래 셋째줄

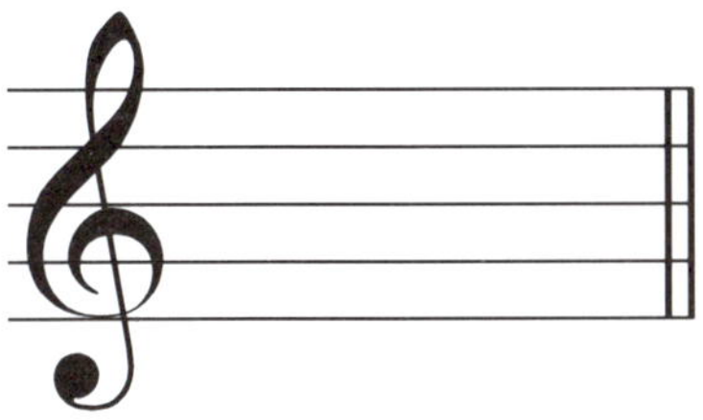

위 둘째줄

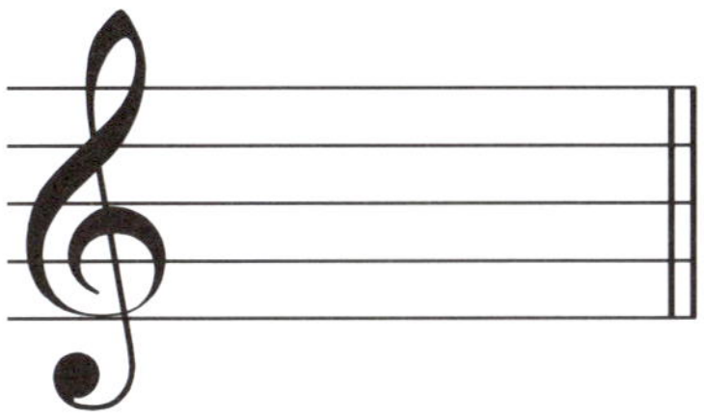

아래 둘째칸

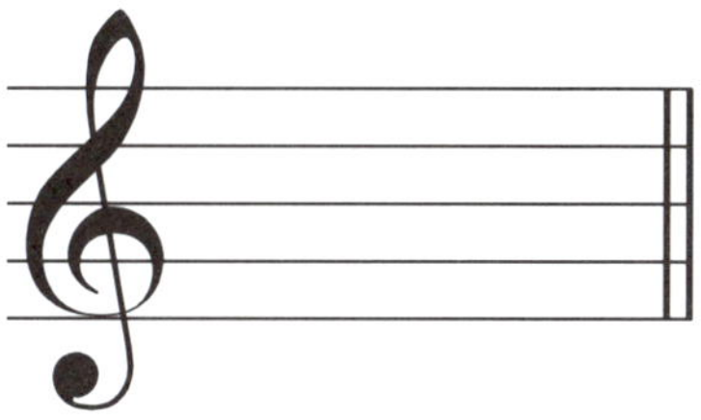

위 첫째칸

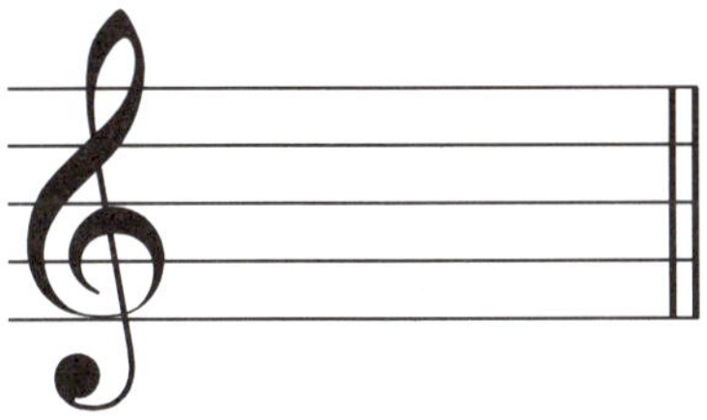

아래 둘째줄

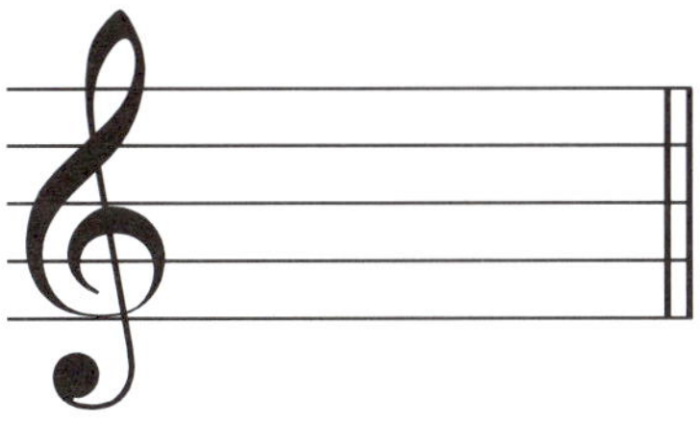

아래 첫째줄

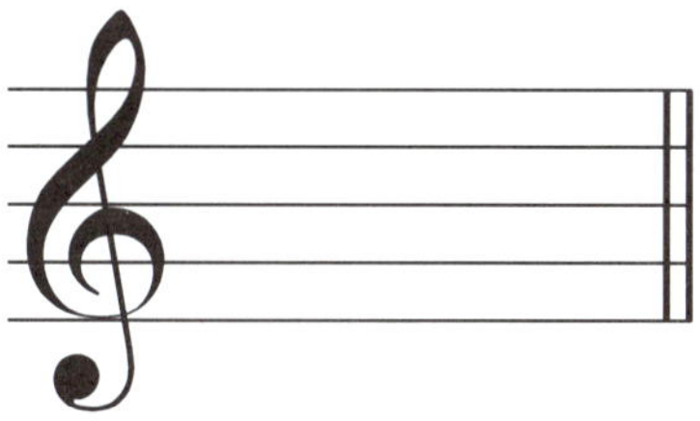

위 셋째칸

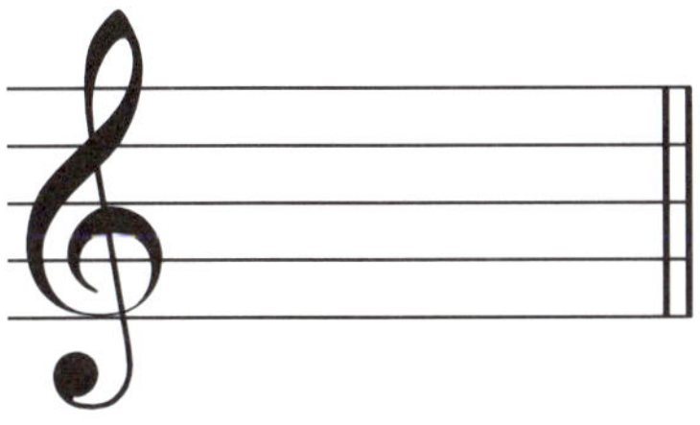

위 첫째줄

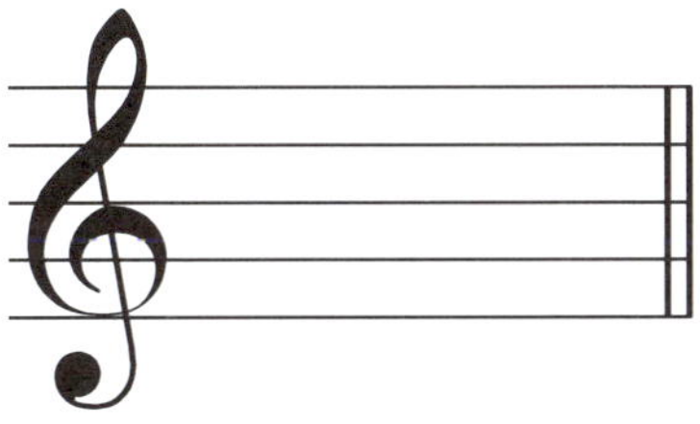

아래 셋째칸

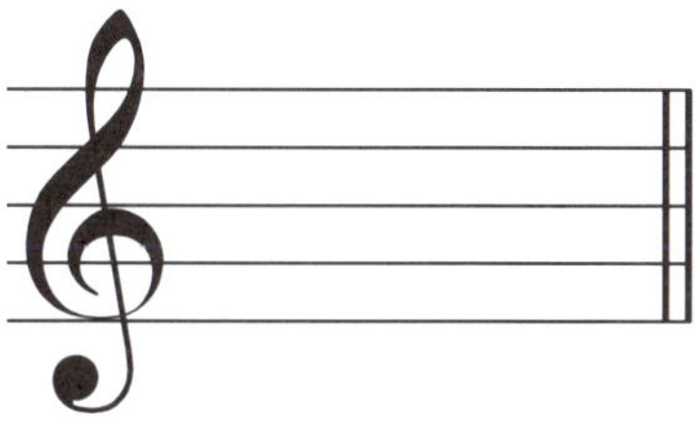

위 둘째칸

높은 라~더 높은 미

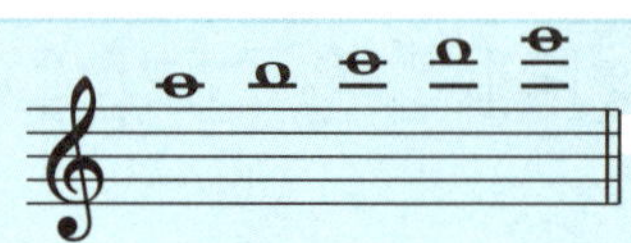

 음을 따라 그리고, 계이름에 맞게 건반과 연결하세요.

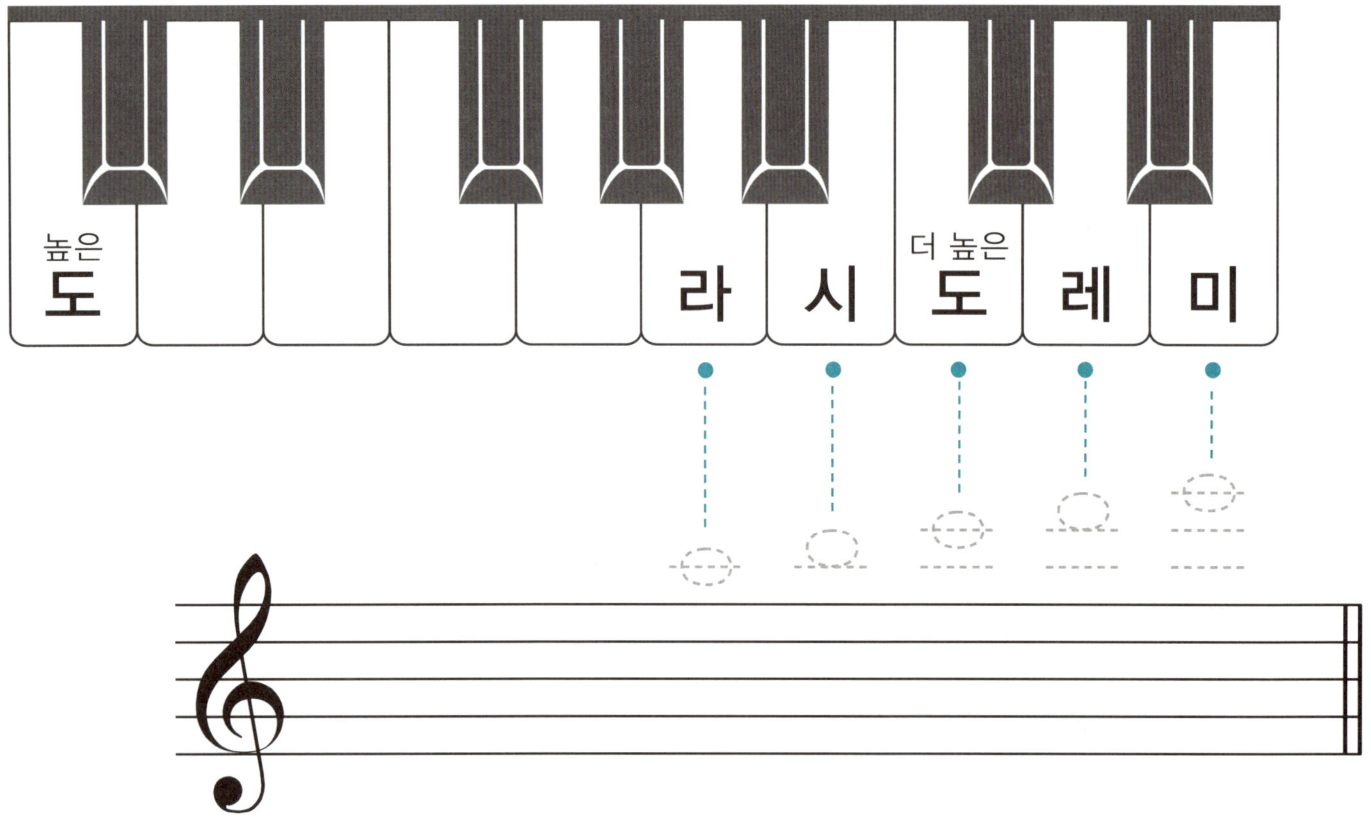

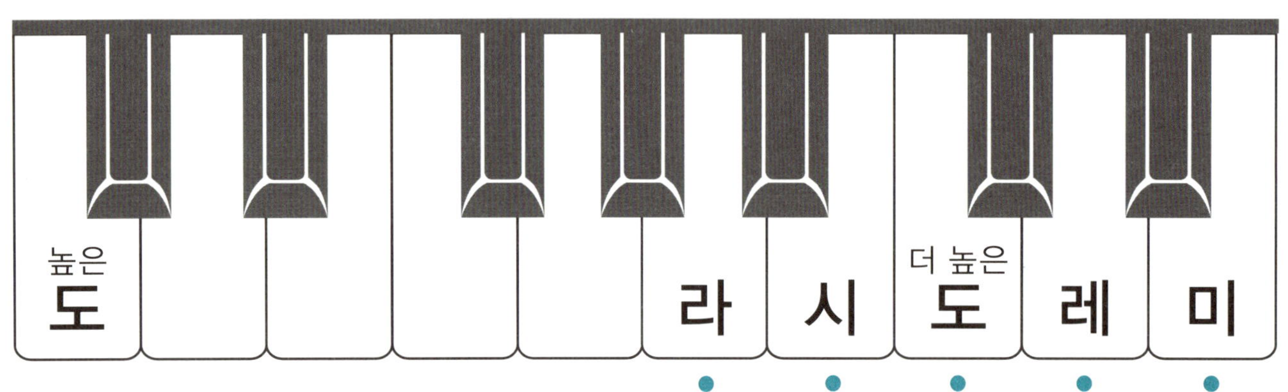

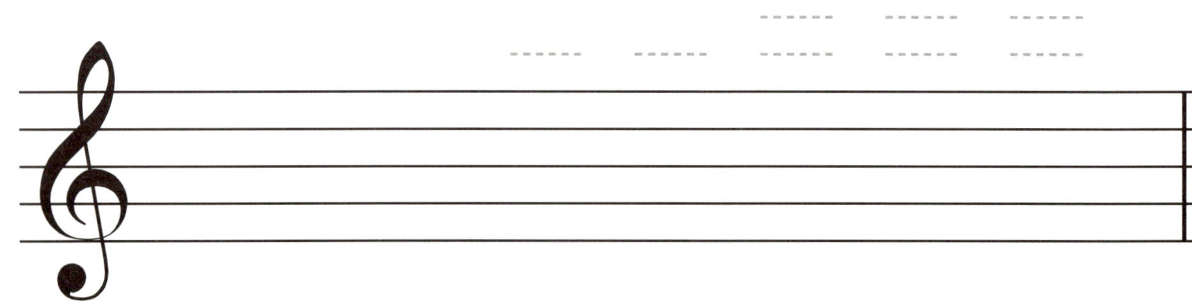

올라가기와 내려오기

 음표를 따라 그리고, 계이름을 쓰세요.

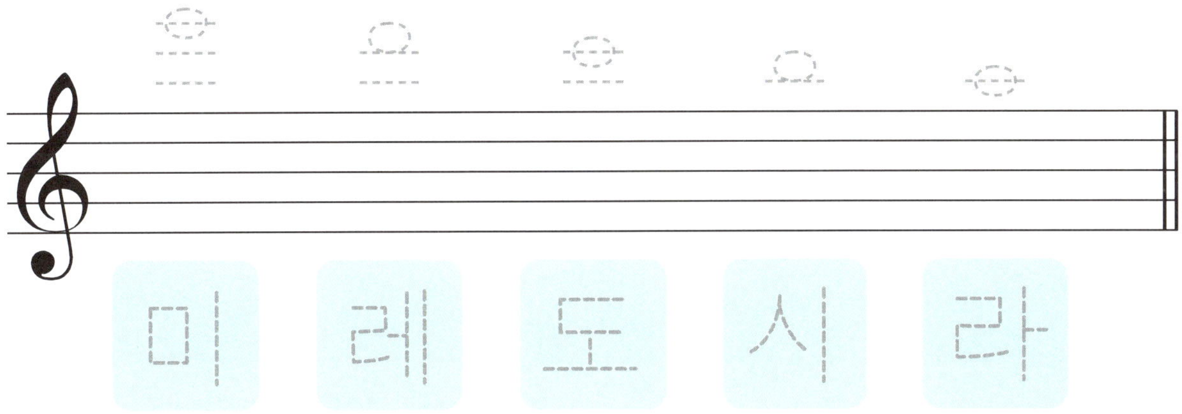

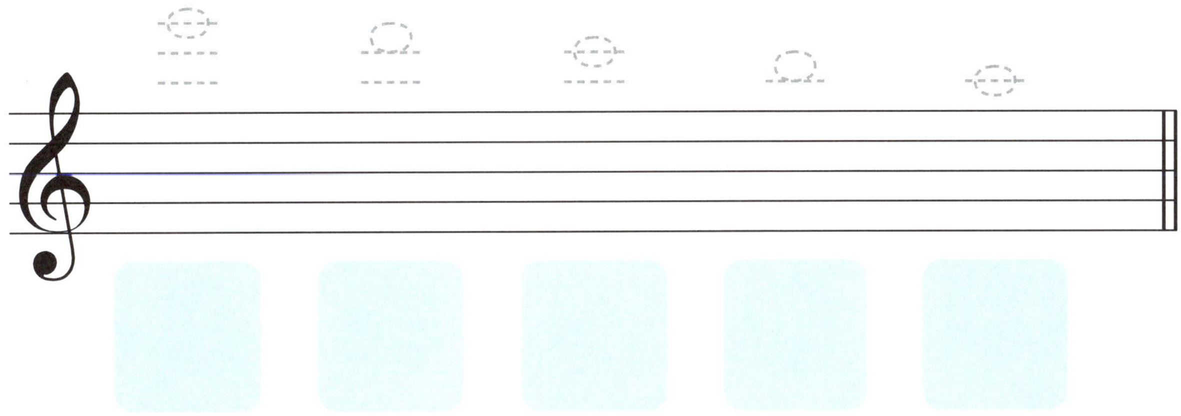

계이름을 쓰세요.

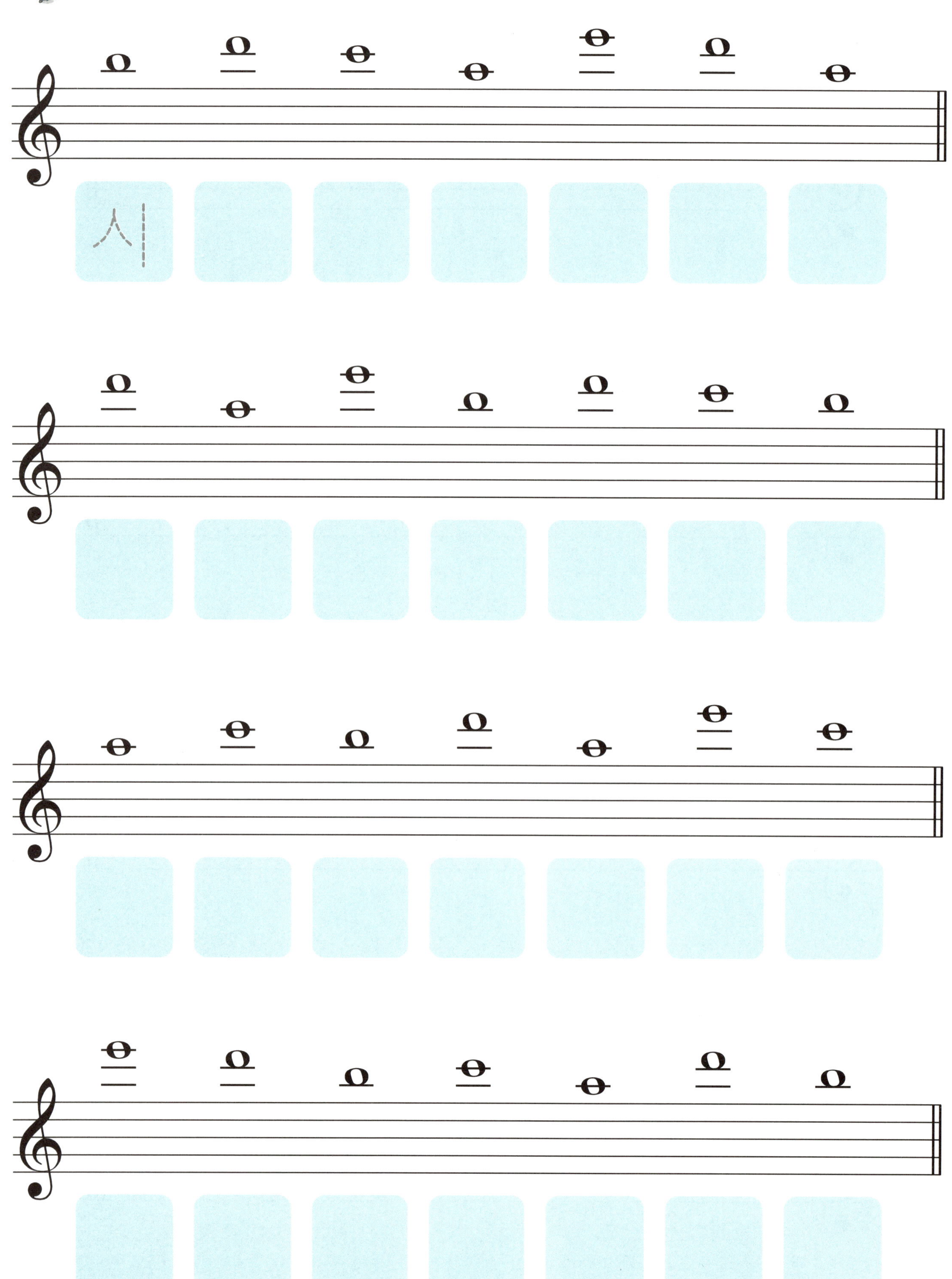

시

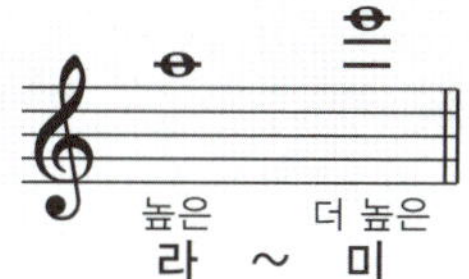

계이름에 맞게 음을 그리세요.

시 (더 높은) 도 미 레 라 시 미

라 레 시 (더 높은) 도 미 라 레

(더 높은) 도 미 라 시 레 (더 높은) 도 시

미 레 (더 높은) 도 라 시 레 미

계이름을 쓰세요.

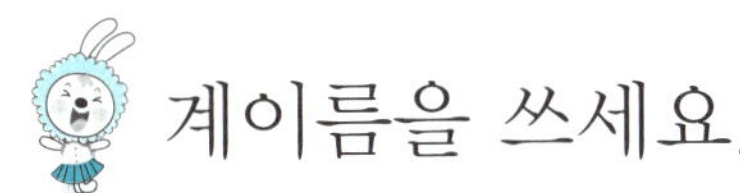

계이름을 쓰세요.

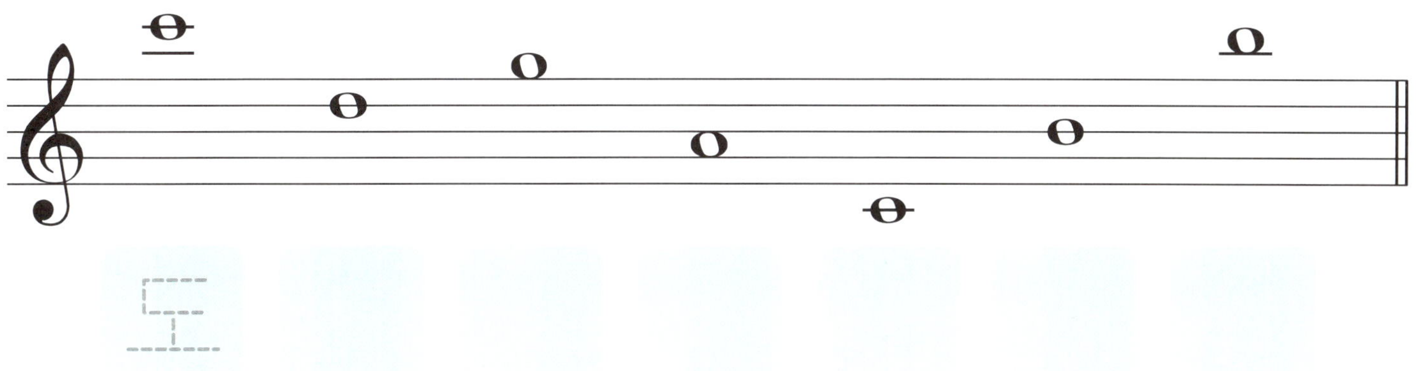

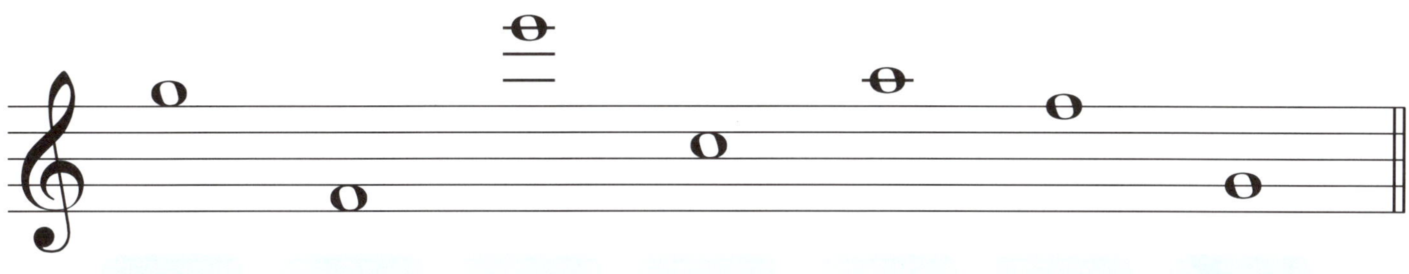

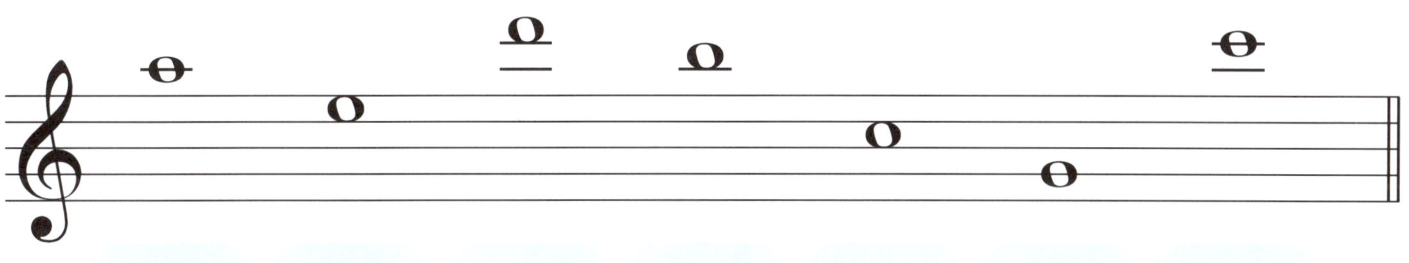

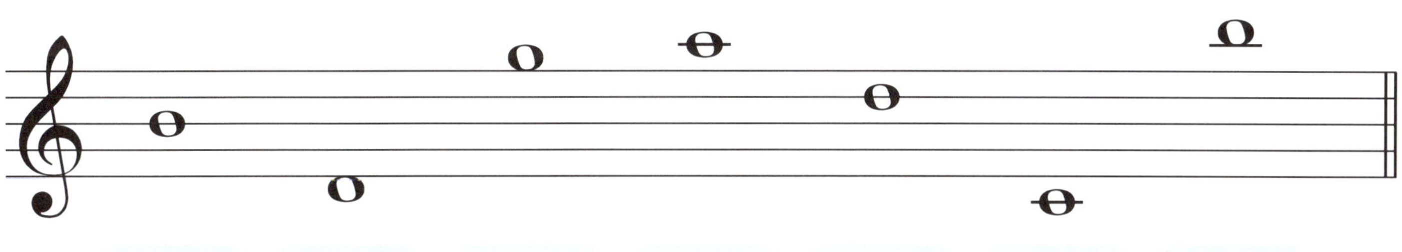

음을 따라 그리고, 계이름에 맞게 건반과 연결하세요.

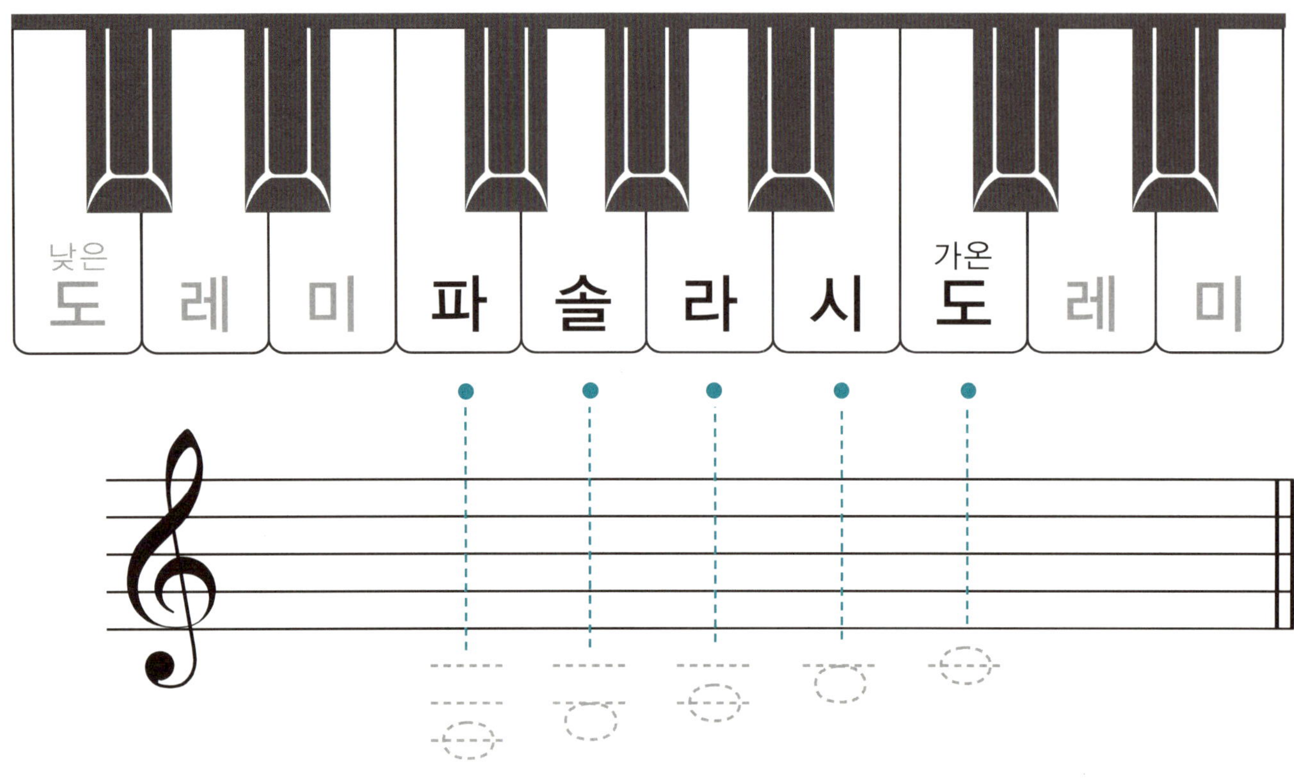

올라가기와 내려오기

음표를 따라 그리고, 계이름을 쓰세요.

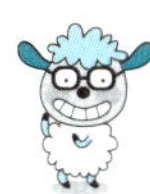

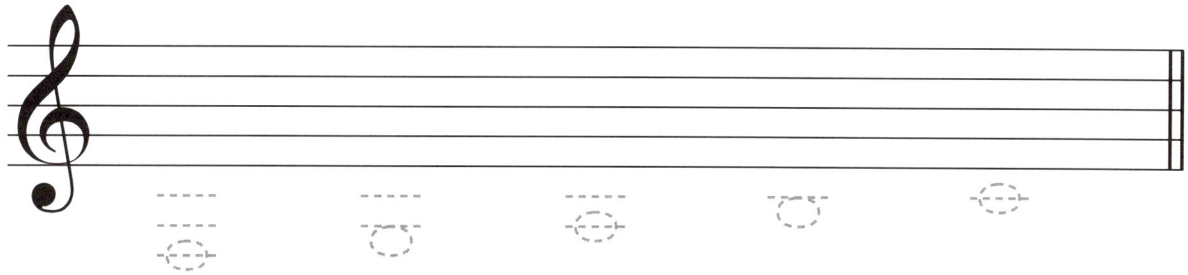

파 솔 라 시 도

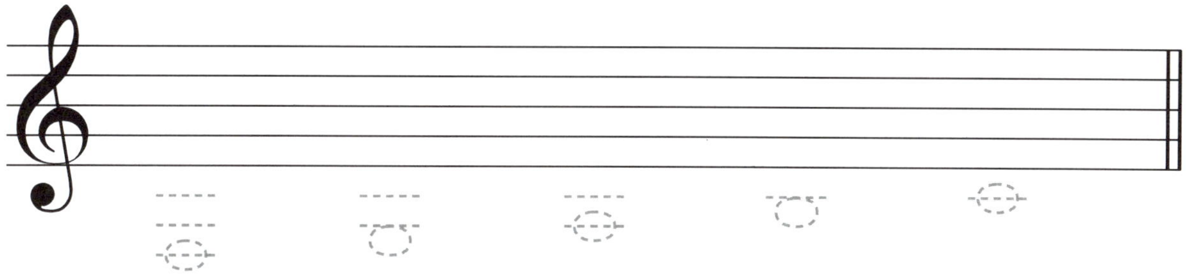

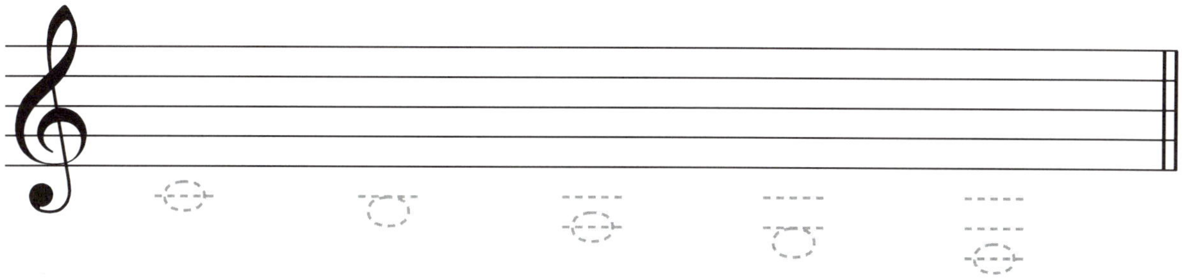

도 시 라 솔 파

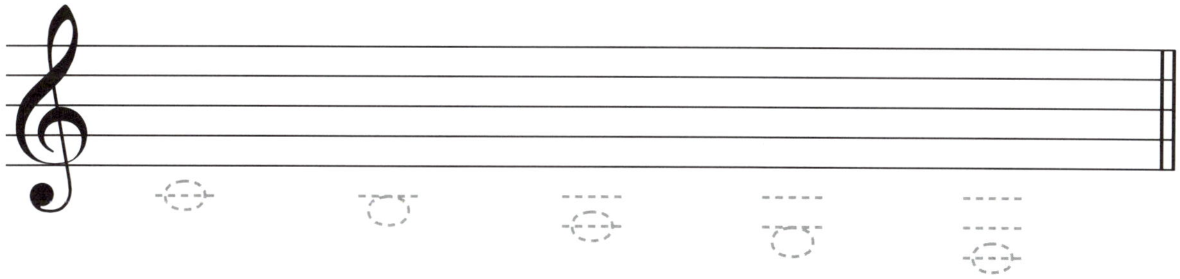

 계이름을 쓰세요.

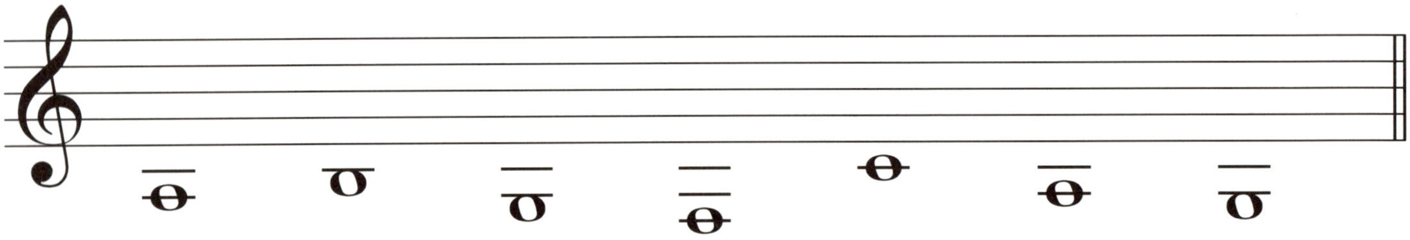

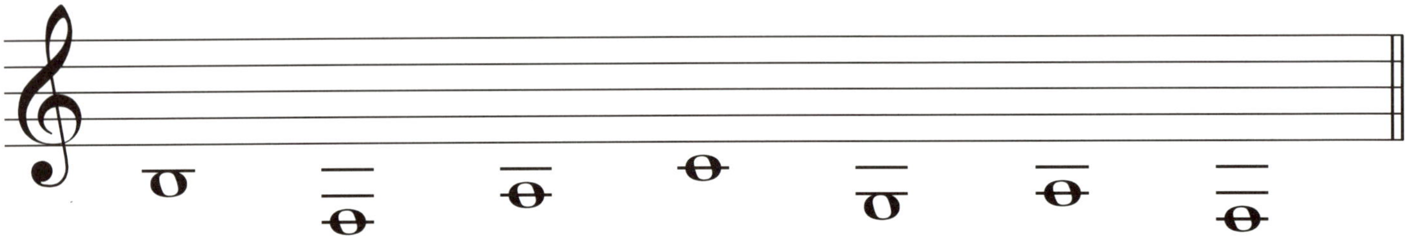

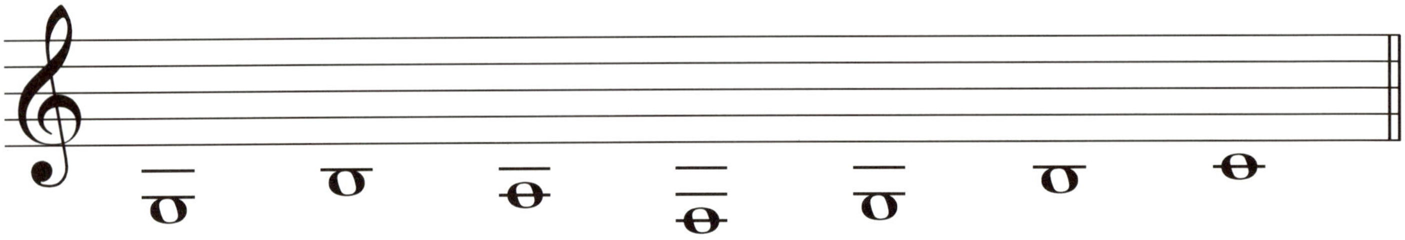

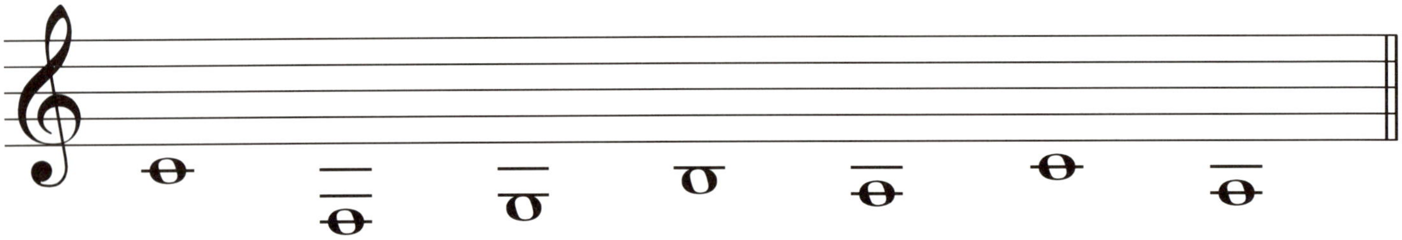

계이름에 맞게 음을 그리세요.

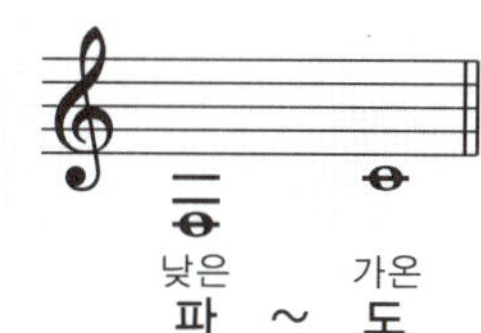낮은 가온
파 ~ 도

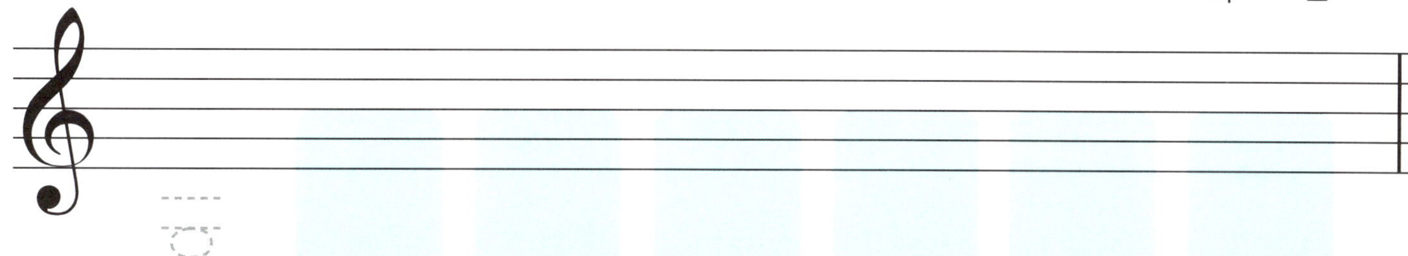솔 라 가온 도 시 파 라 솔

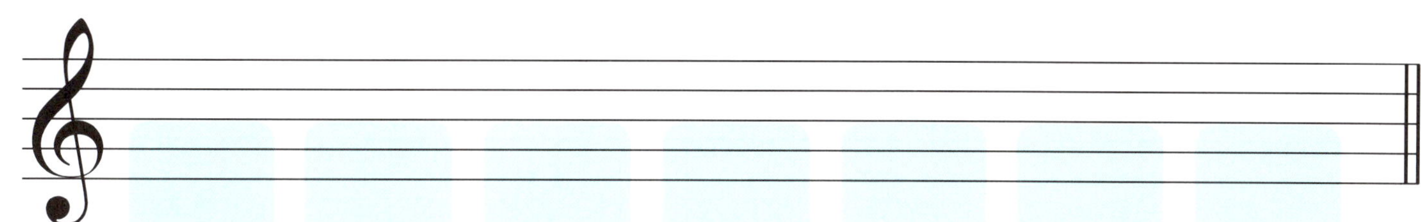파 시 솔 라 파 가온 도 시

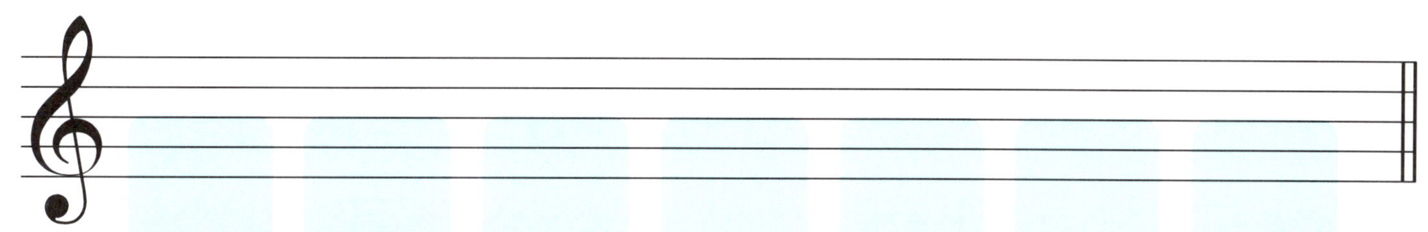가온 도 솔 라 시 솔 파 라

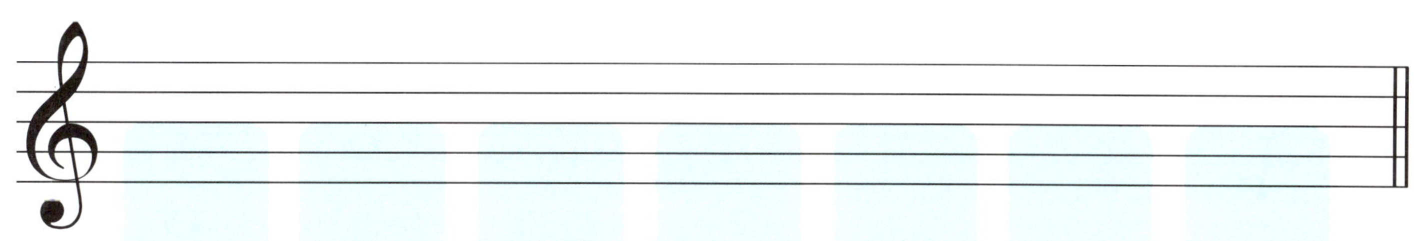시 파 라 가온 도 솔 파 라

계이름을 쓰세요.

라

계이름을 쓰세요.

미로 찾기

 계이름을 순서대로 따라 가면서 길을 찾아 보세요.

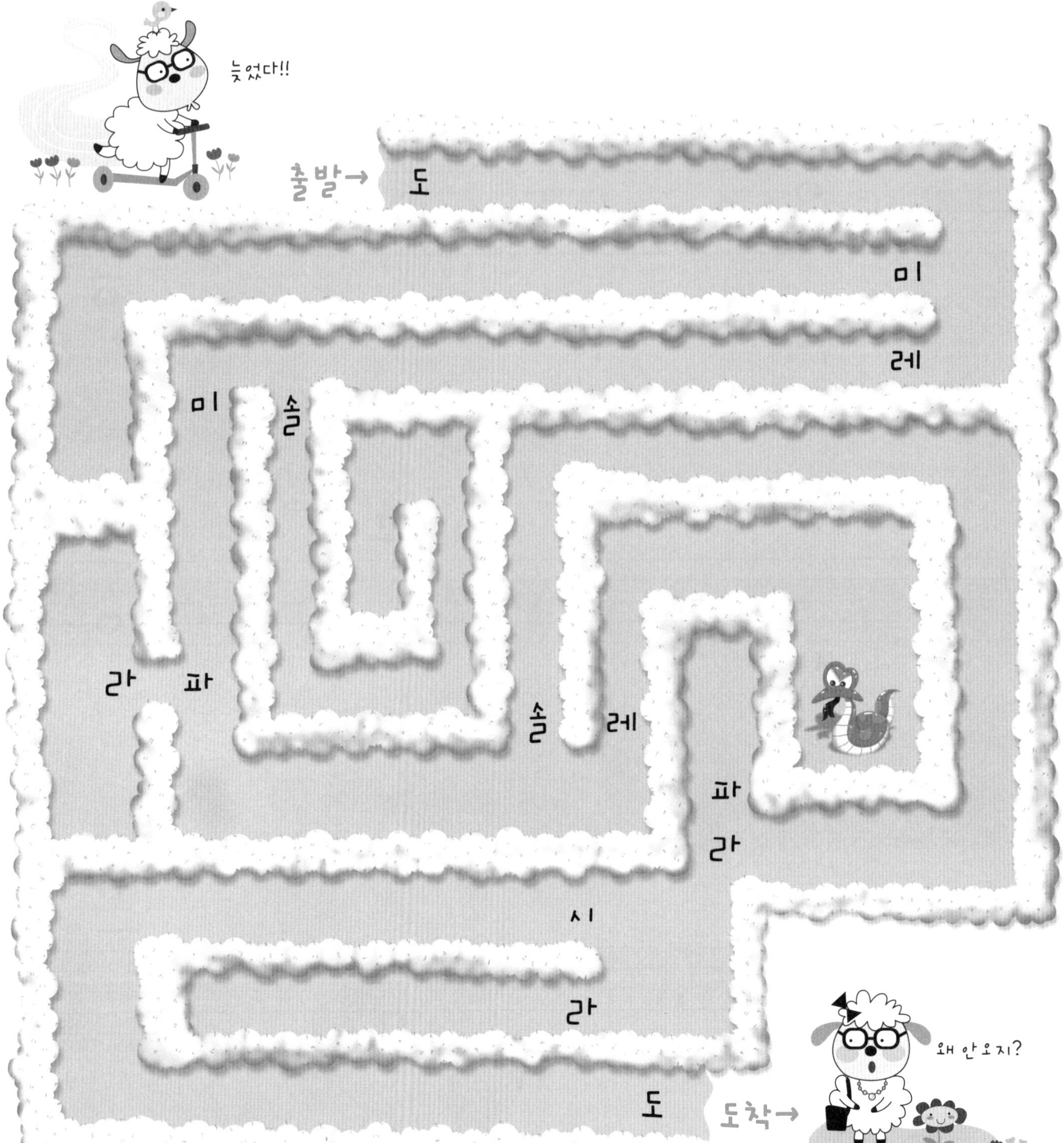

 음표를 차례대로 그리고, 계이름을 쓰세요.

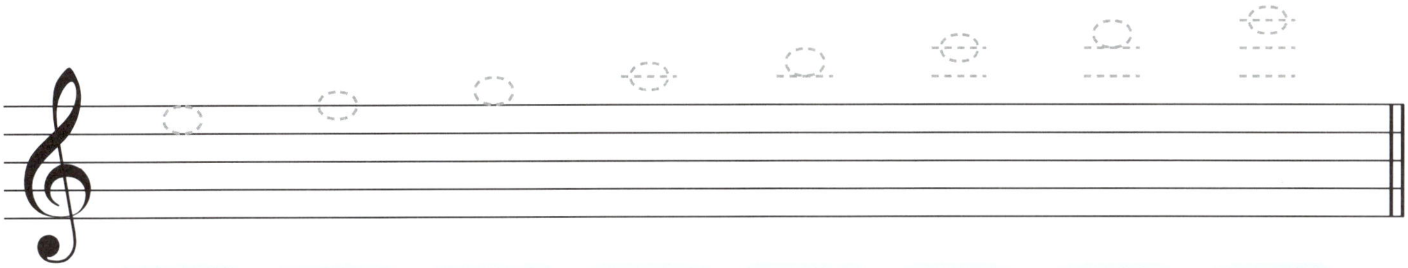

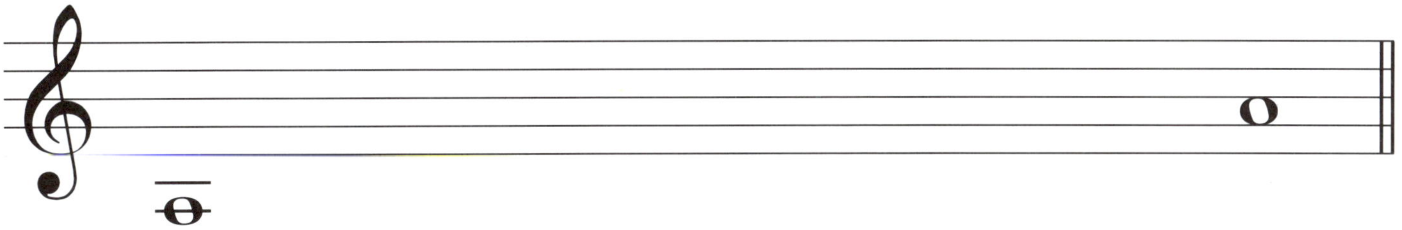

계이름을 쓰고, 맞는 건반을 찾아 연결하세요.

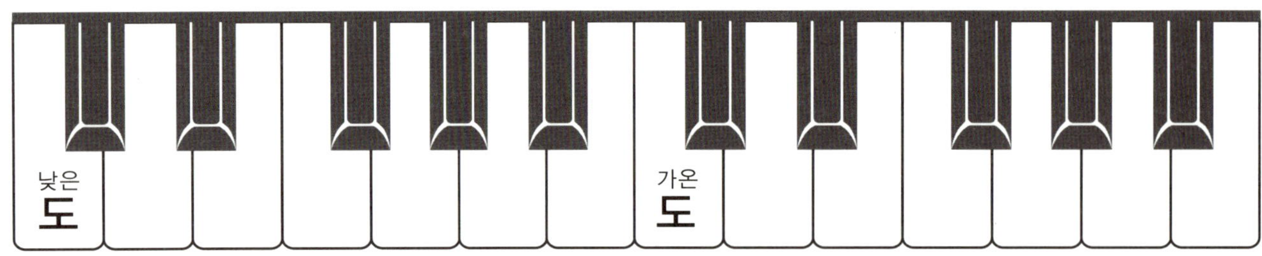

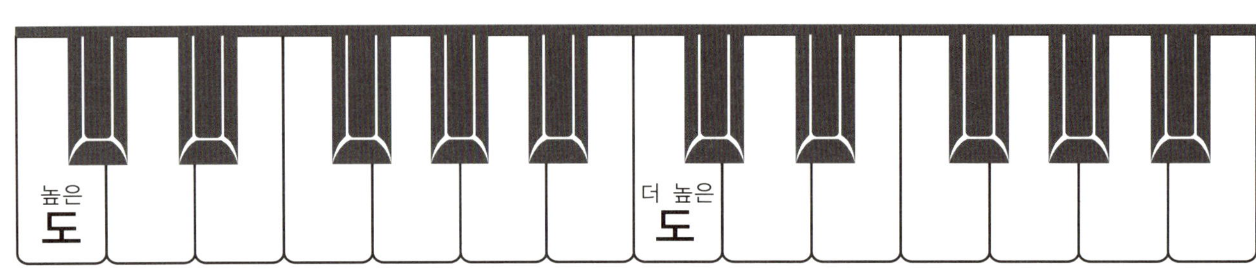

 계이름을 쓰고, 맞는 건반을 찾아 연결하세요.

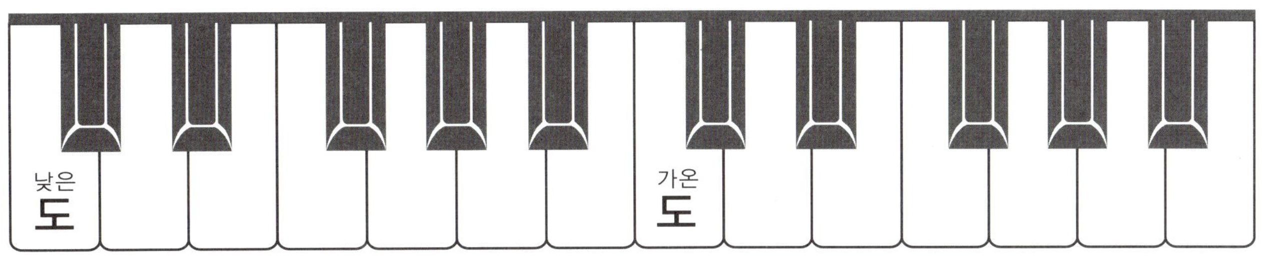

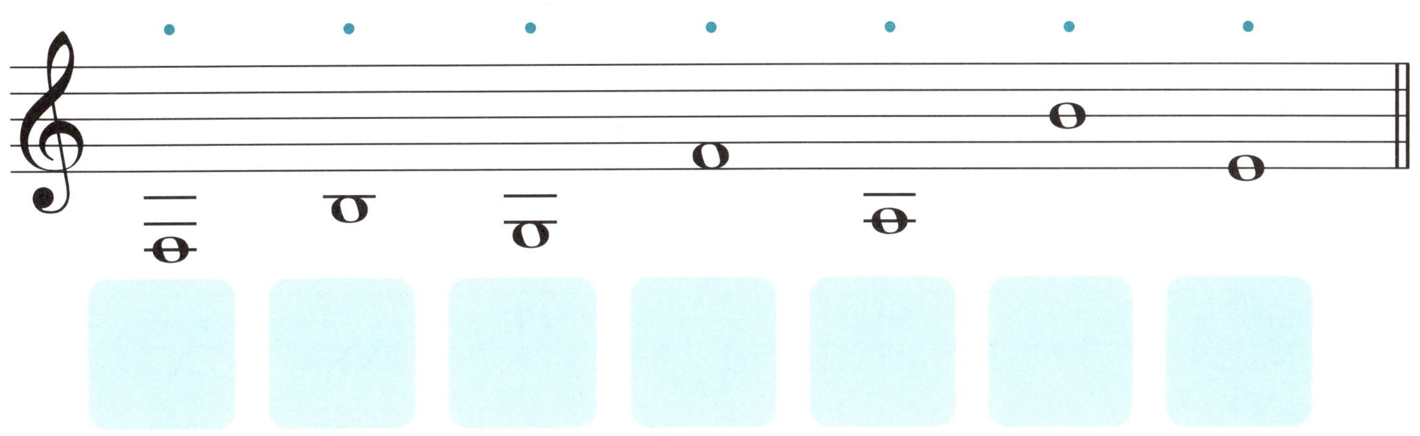

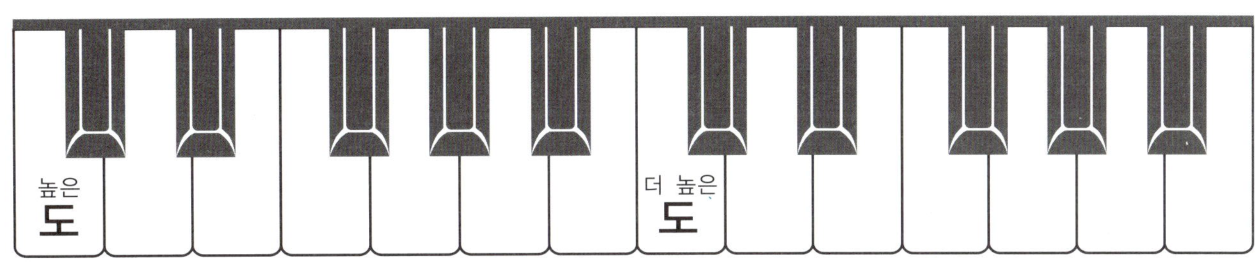

솔
레

45

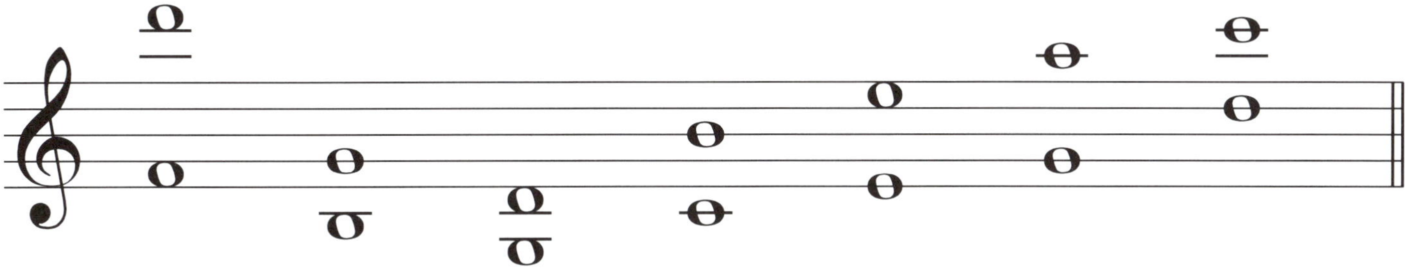

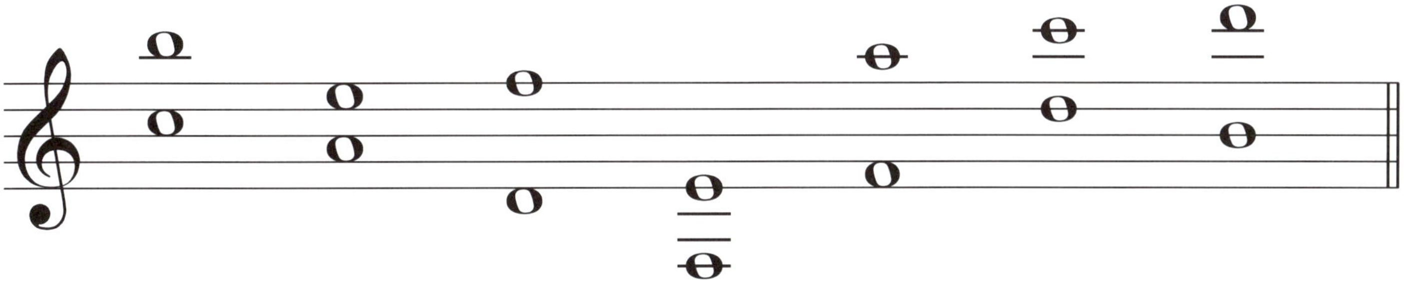

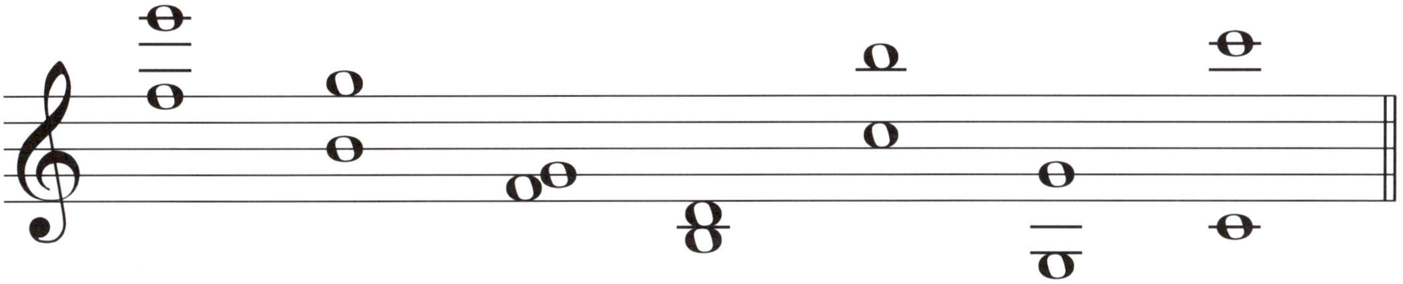

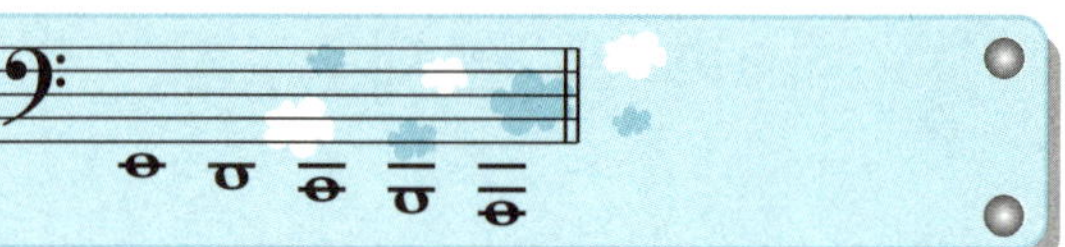

음을 따라 그리고, 계이름에 맞게 건반과 연결하세요.

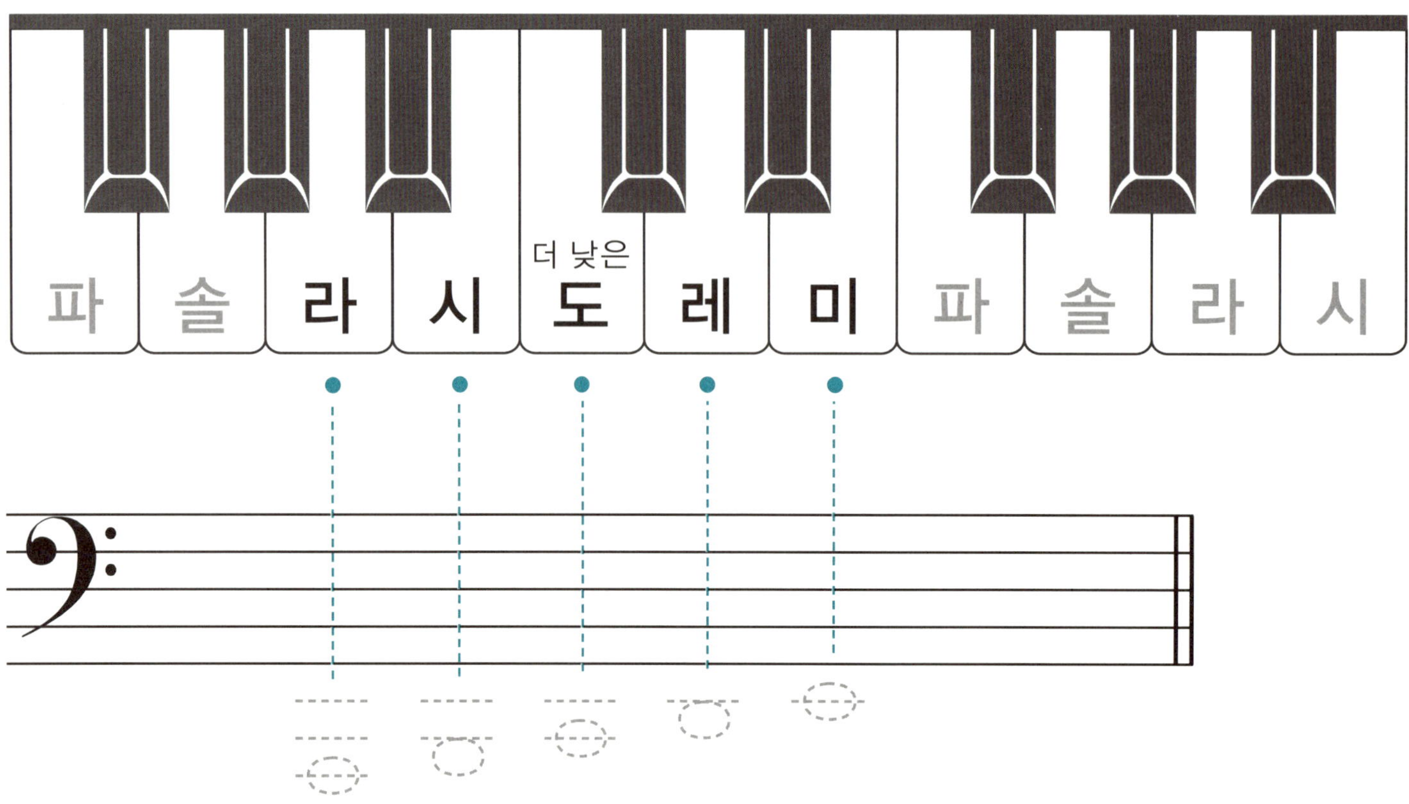

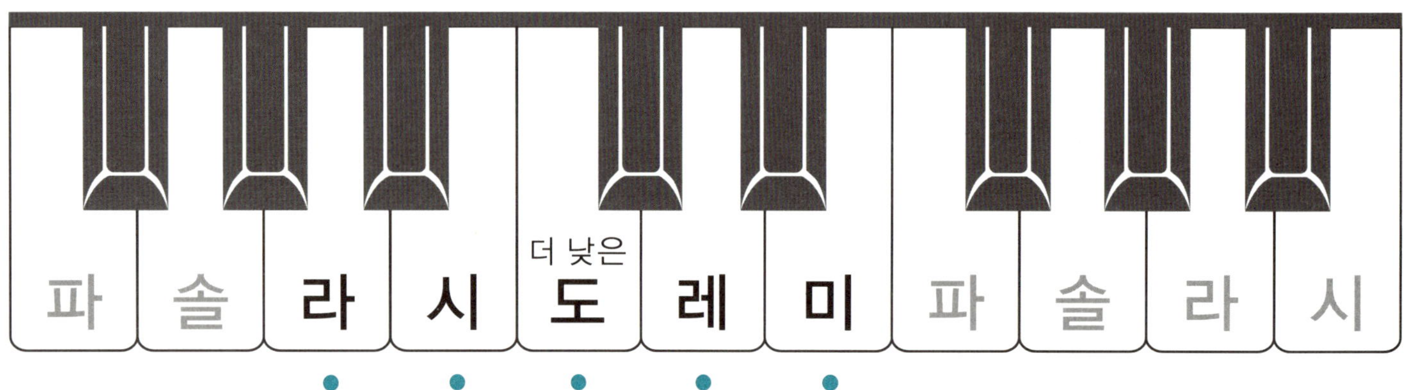

올라가기와 내려오기

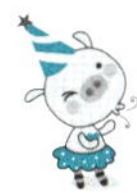

 음표를 따라 그리고, 계이름을 쓰세요.

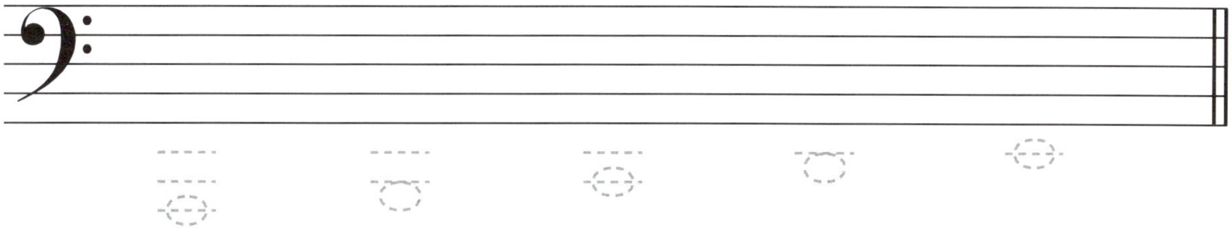

라 시 도 레 미

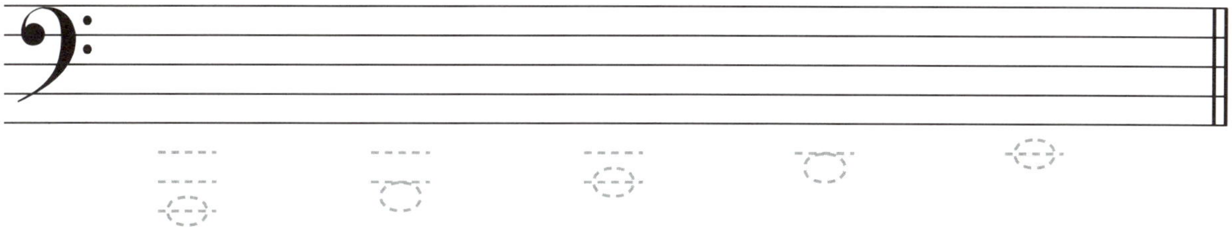

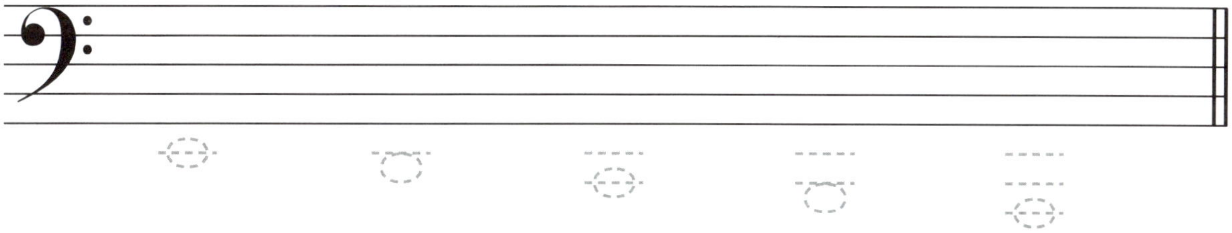

미 레 도 시 라

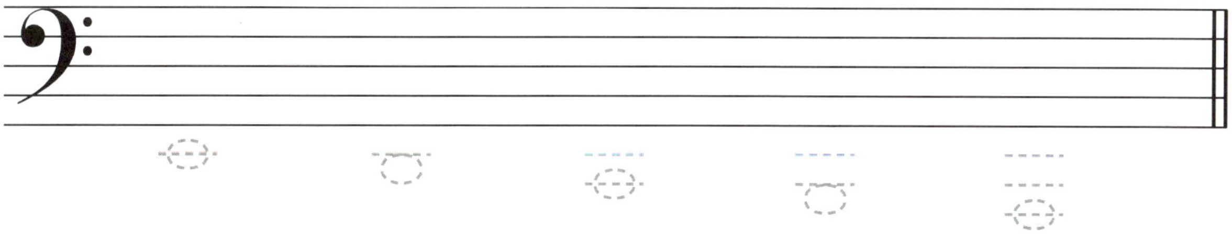

계이름을 쓰세요.

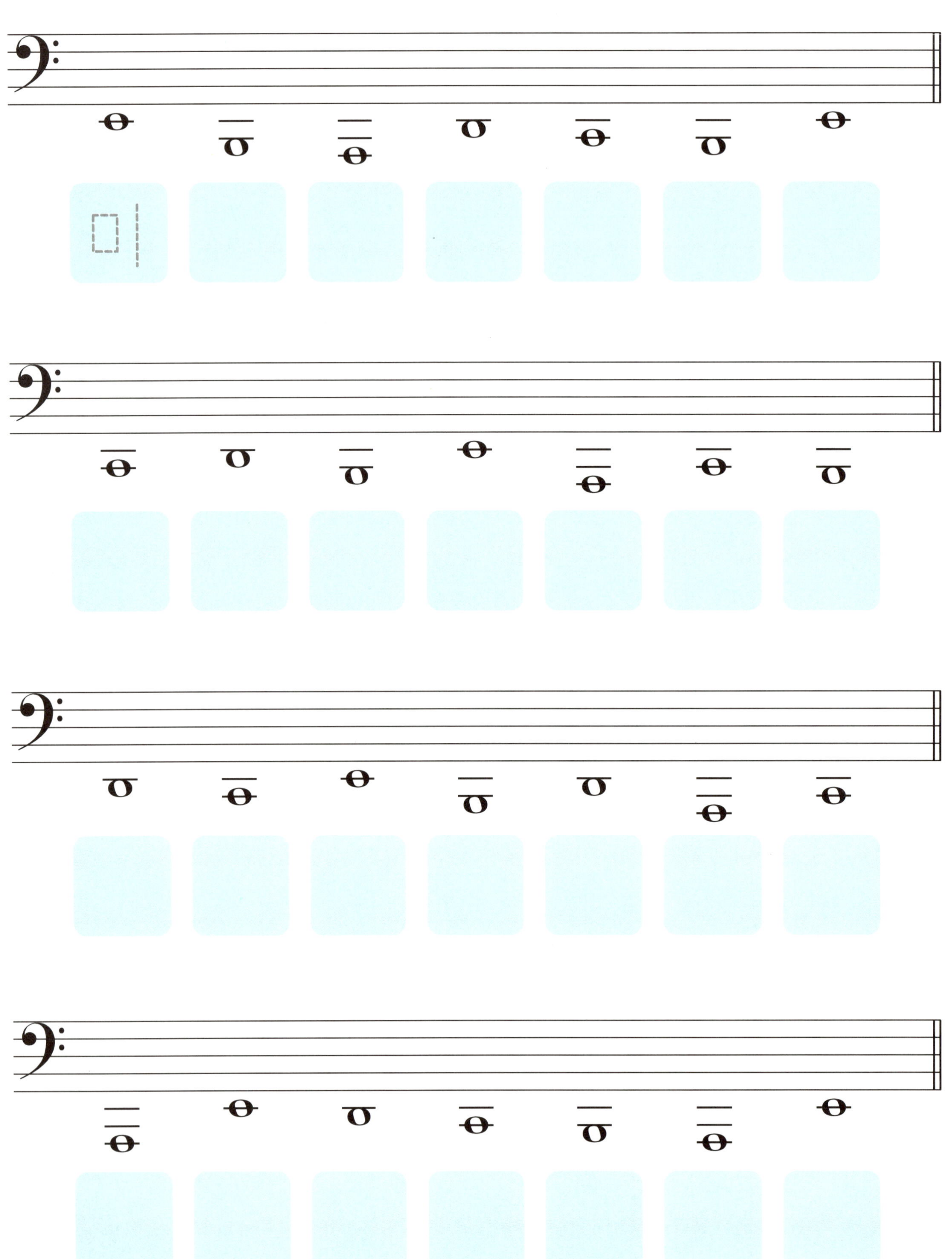

계이름에 맞게 음을 그리세요.

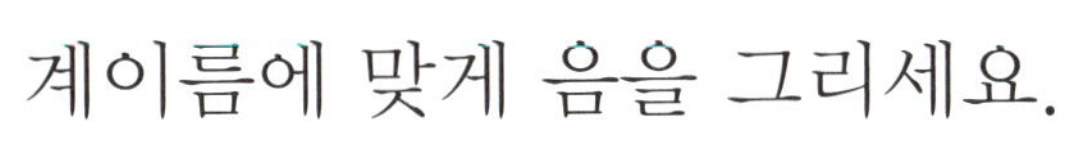

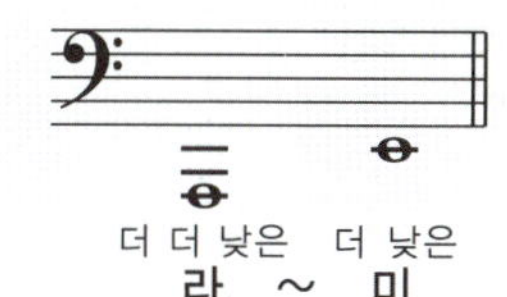

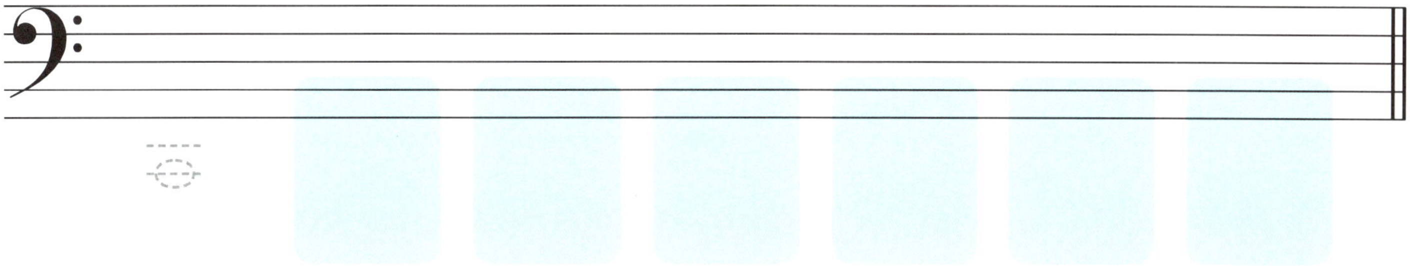

더 낮은 도 시 미 레 라 더 낮은 도 미

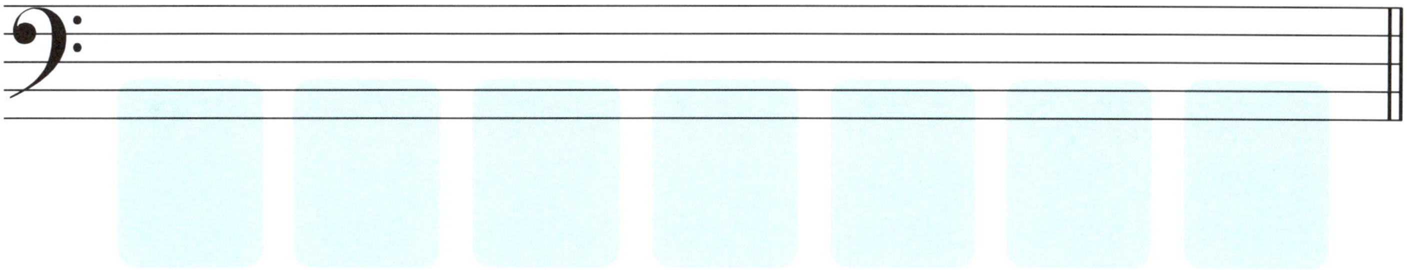

시 더 낮은 도 레 미 라 시 레

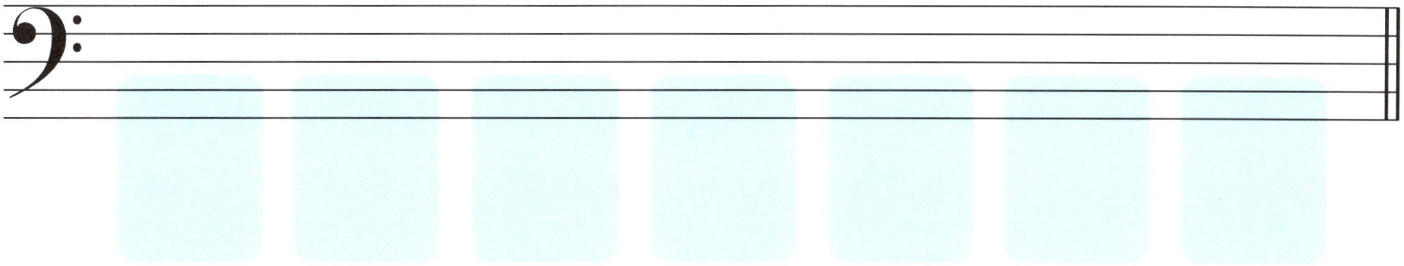

미 시 더 낮은 도 라 레 시 더 낮은 도

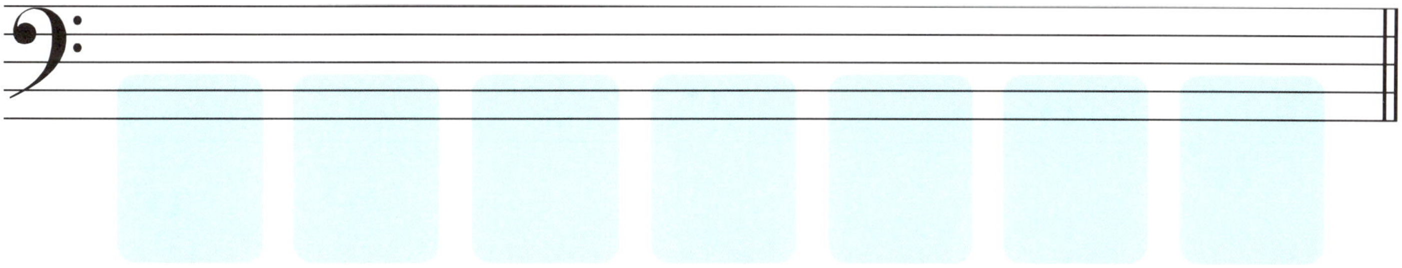

레 라 시 더 낮은 도 미 레 시

계이름을 쓰세요.

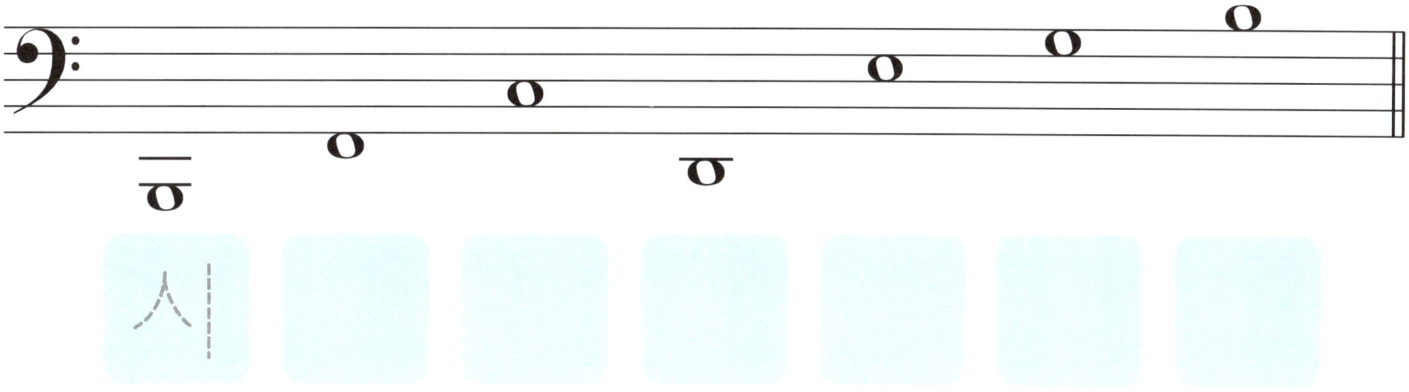

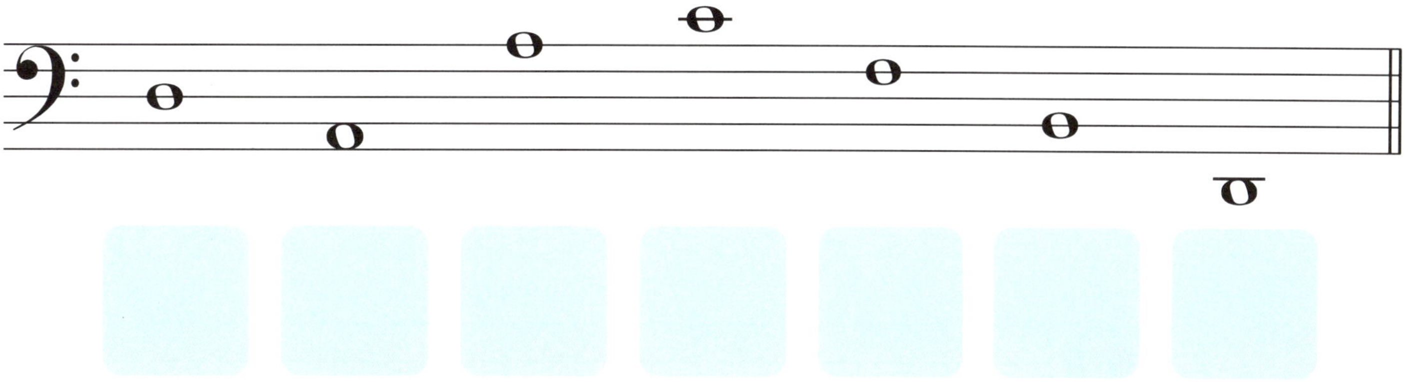

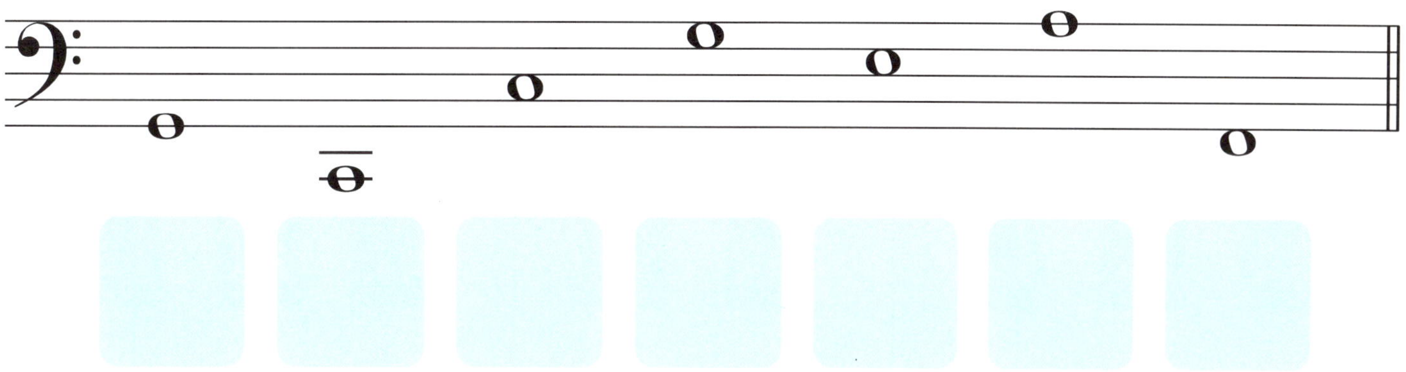

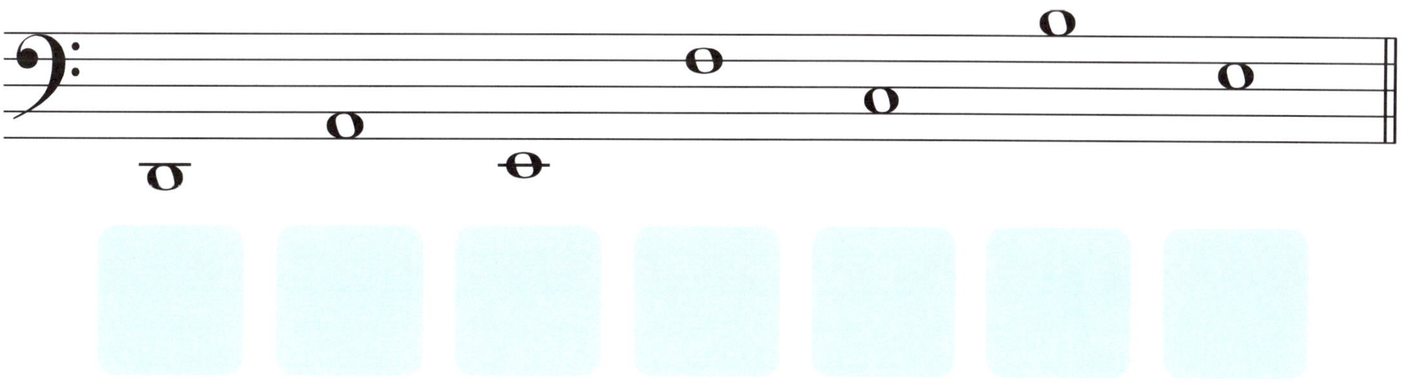

음을 따라 그리고, 계이름에 맞게 건반과 연결하세요.

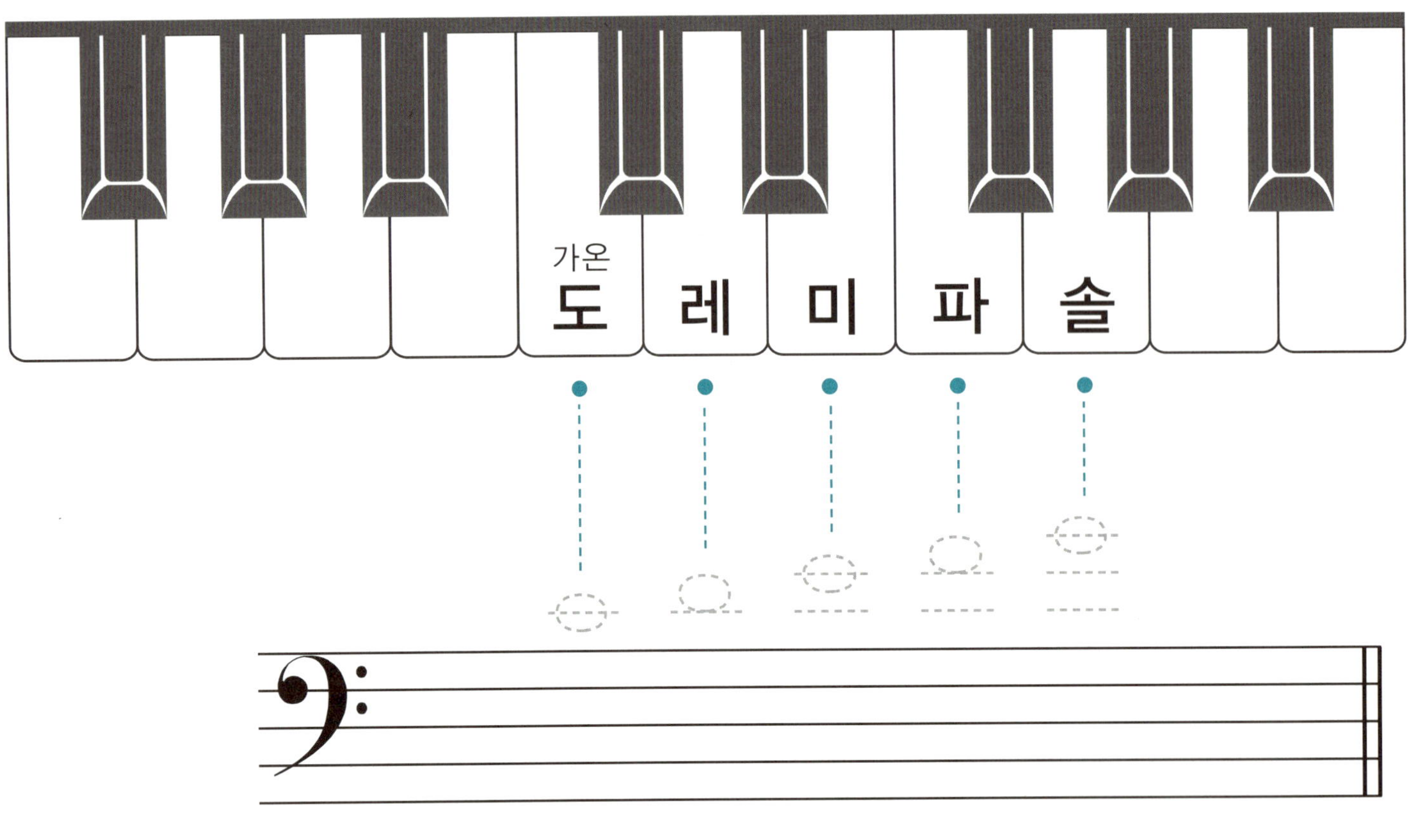

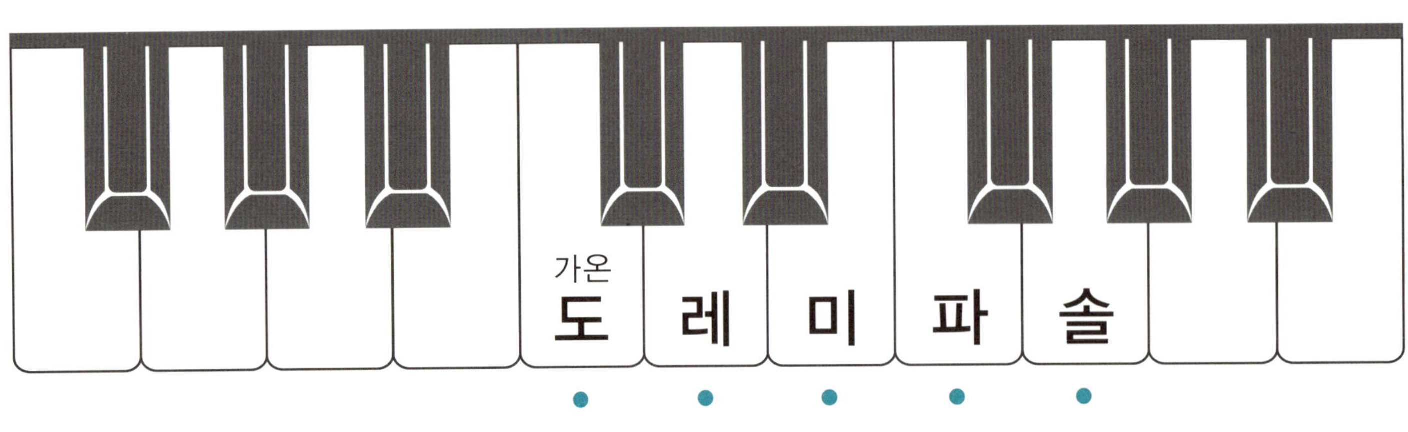

올라가기와 내려오기

 음표를 따라 그리고, 계이름을 쓰세요.

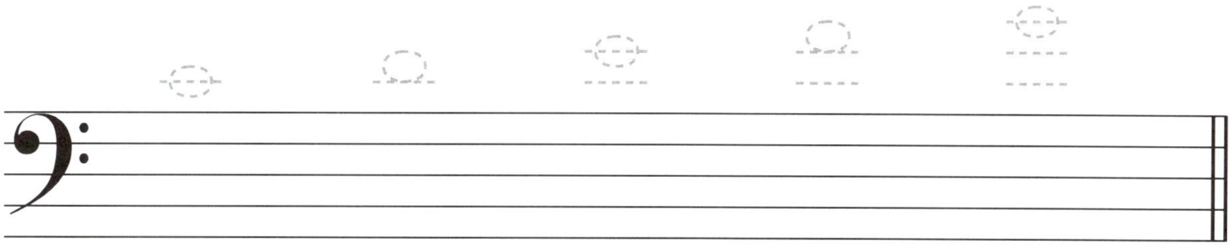

도 레 미 파 솔

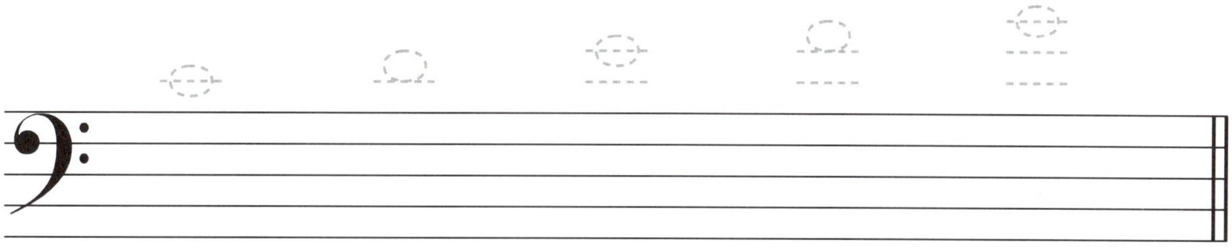

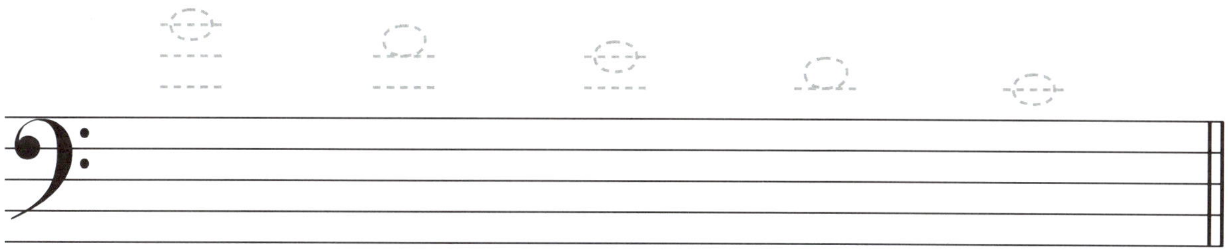

솔 파 미 레 도

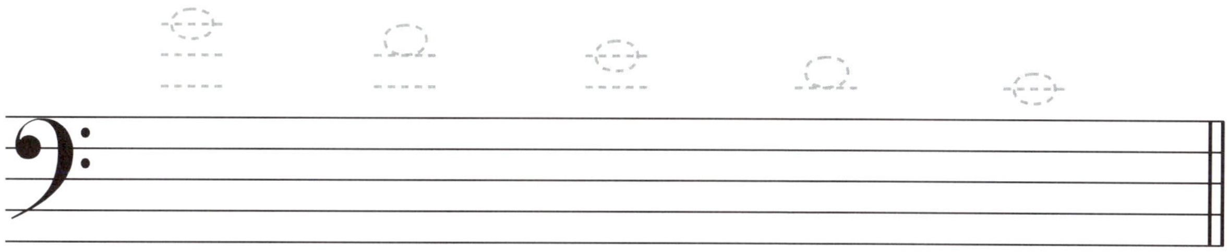

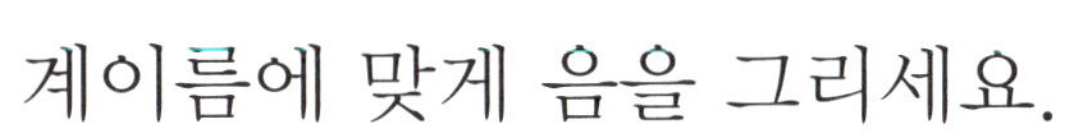

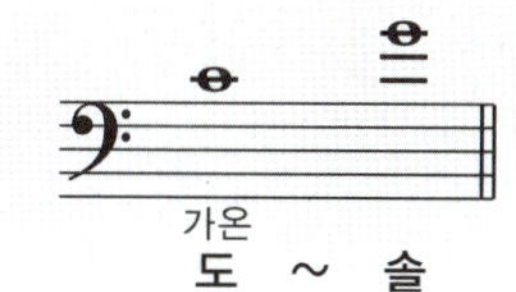

계이름에 맞게 음을 그리세요.

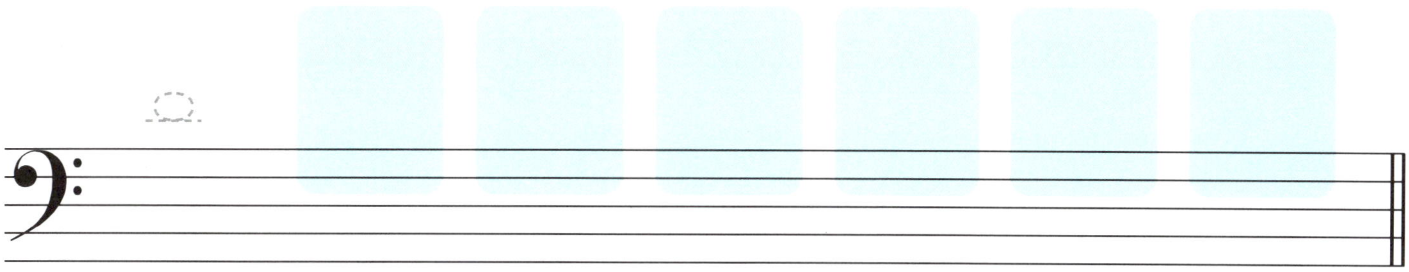

레 가온 도 파 솔 미 레 파

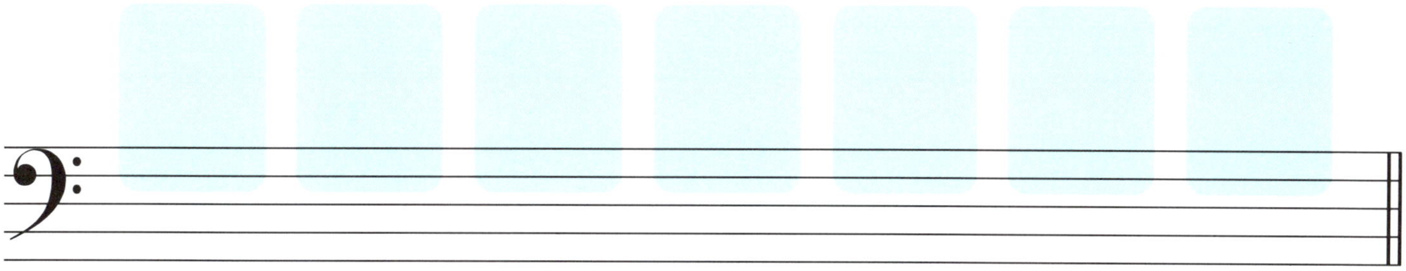

가온 도 미 레 파 솔 가온 도 레

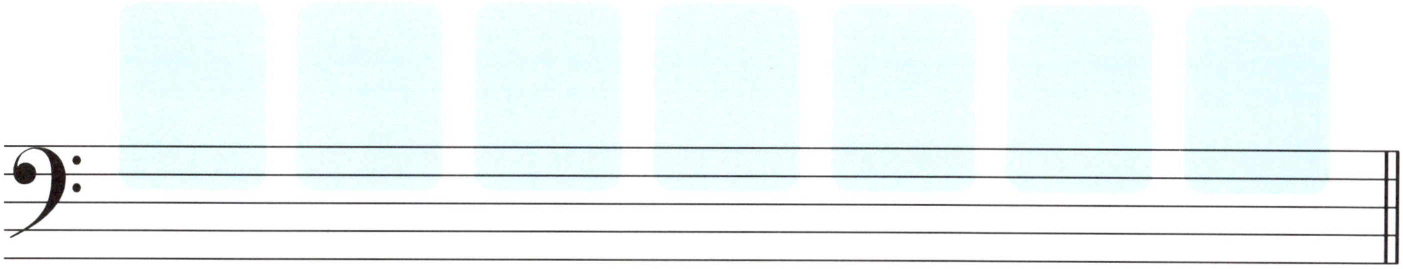

솔 레 가온 도 미 파 솔 가온 도

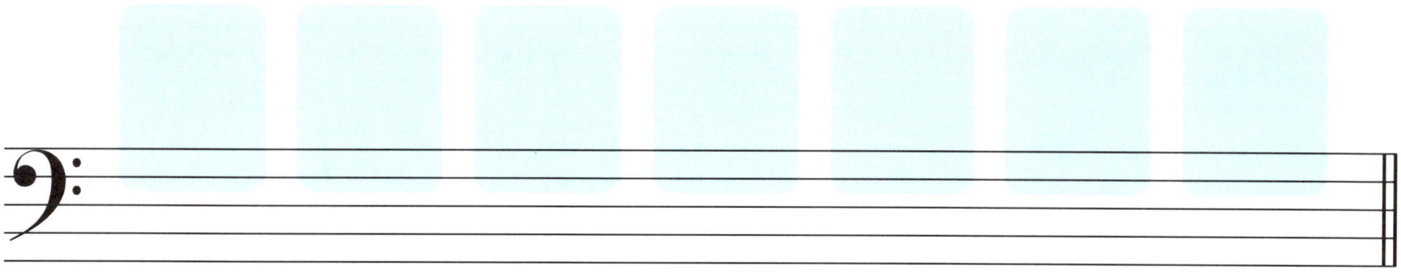

파 미 솔 가온 도 레 파 미

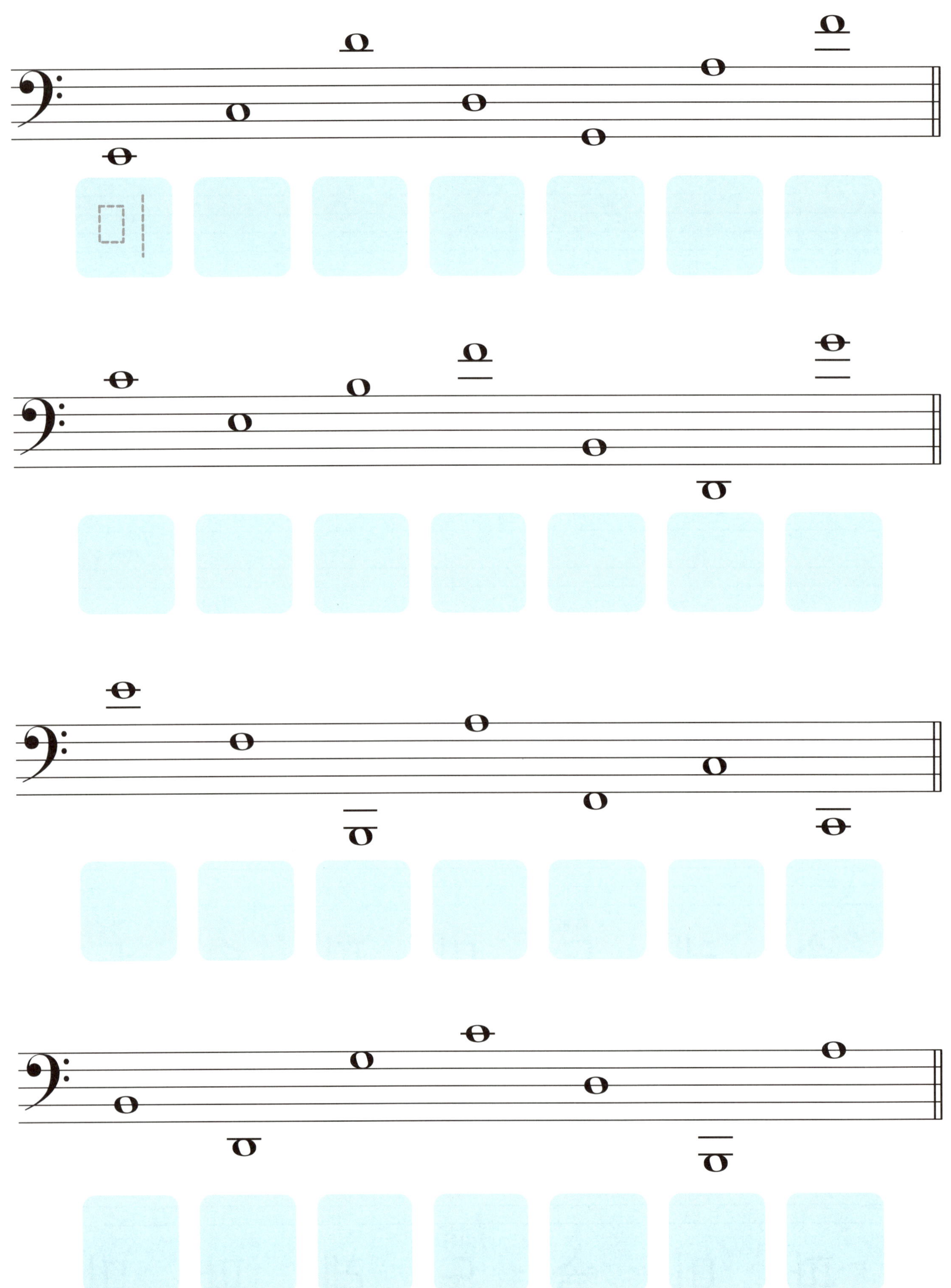

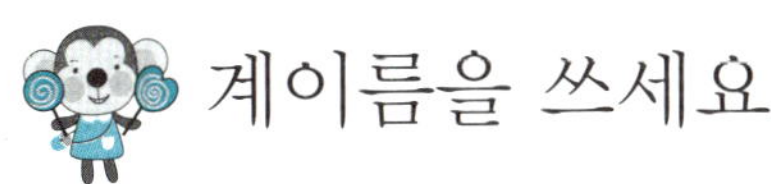

파

 계이름을 쓰고, 맞는 건반을 찾아 연결하세요.

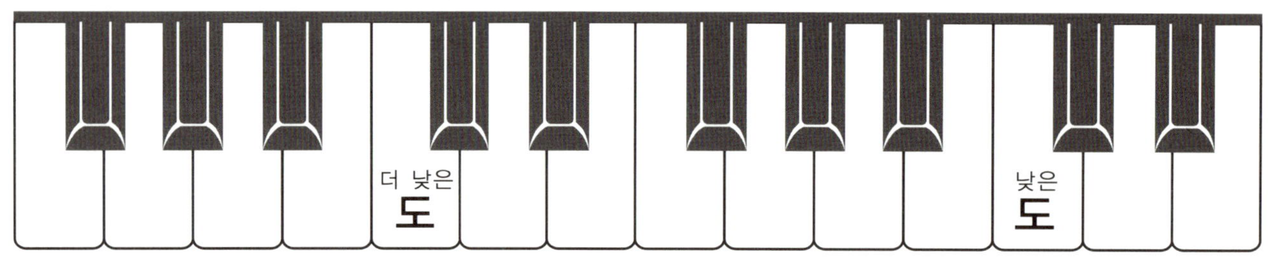

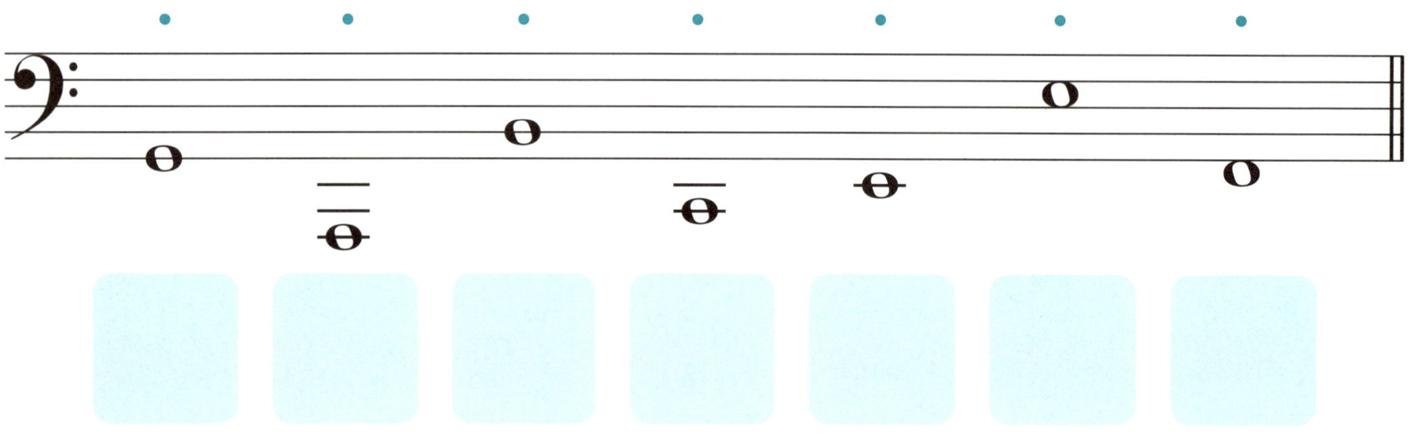

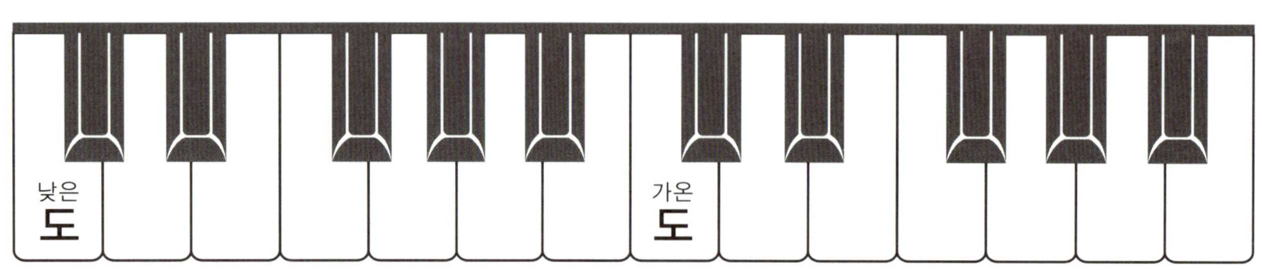

 계이름을 쓰고, 맞는 건반을 찾아 연결하세요.

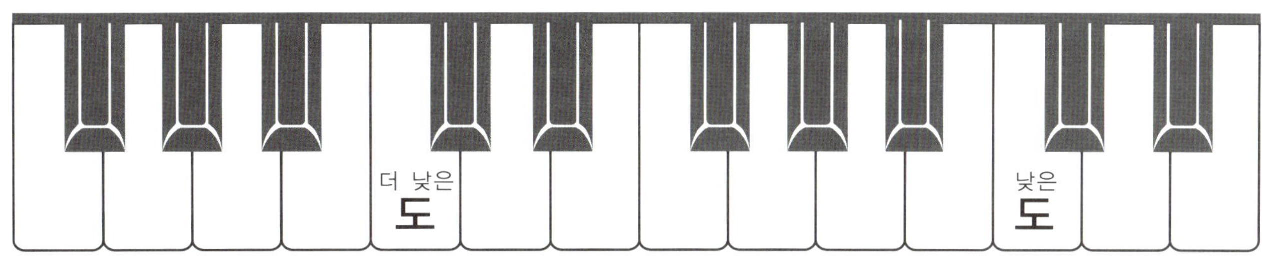

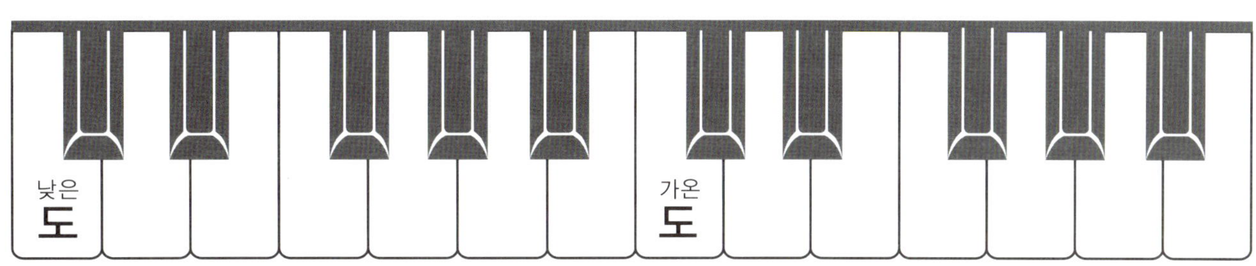

 계이름을 쓰세요.

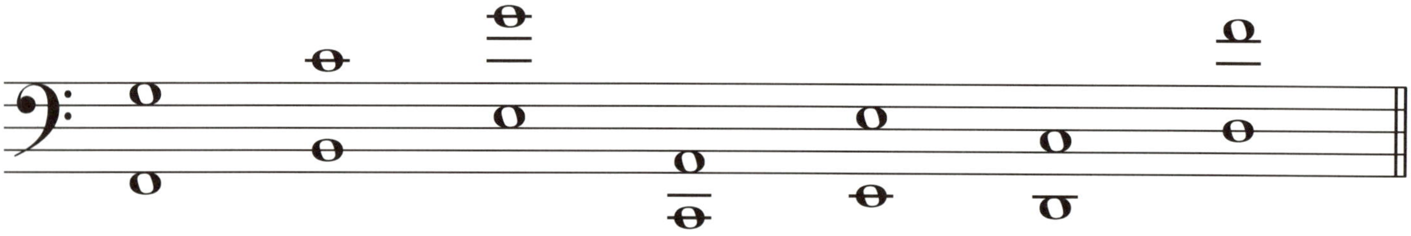

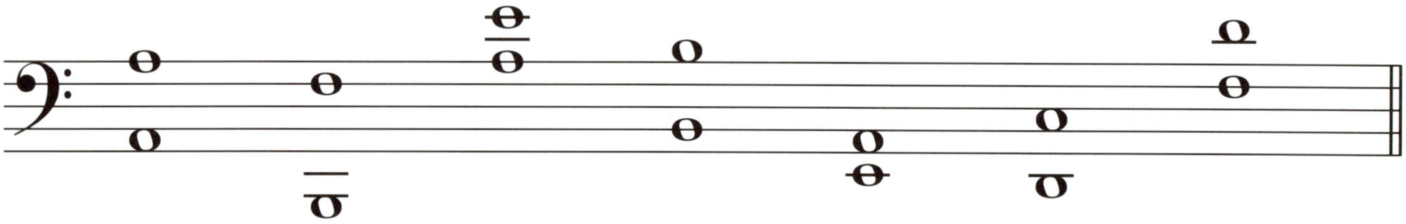

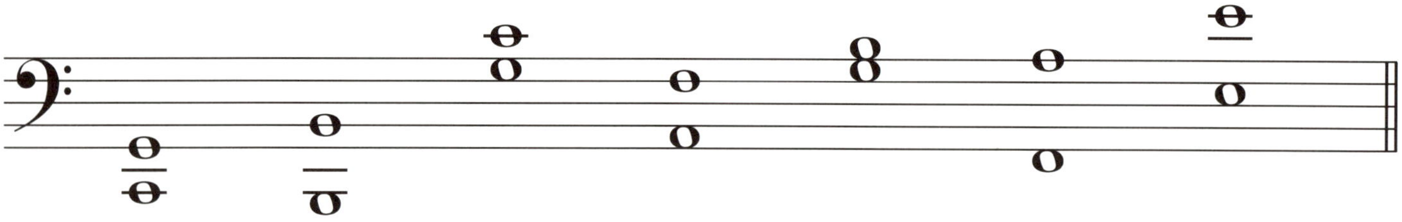

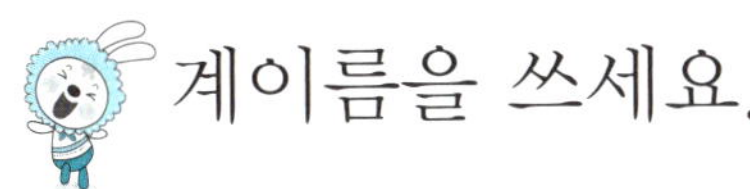

계이름을 쓰세요.

 맞는 계이름을 찾아 ○ 하세요.

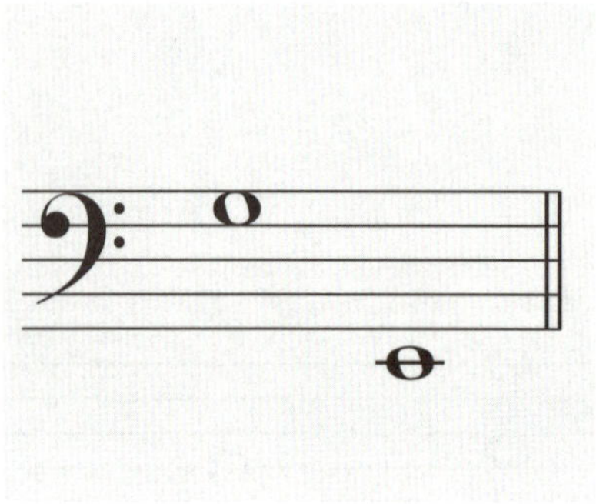

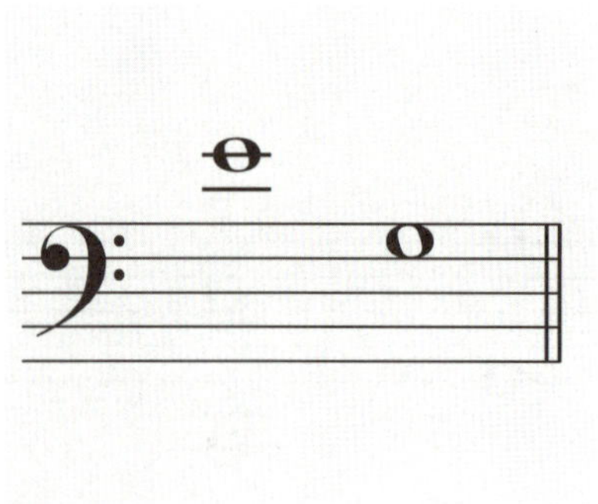

쏙쏙 계이름 테스트 2

 음표를 차례대로 그리고, 계이름을 쓰세요.

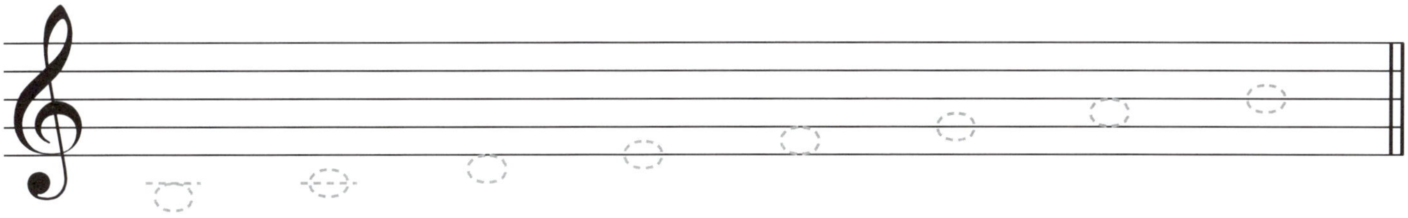

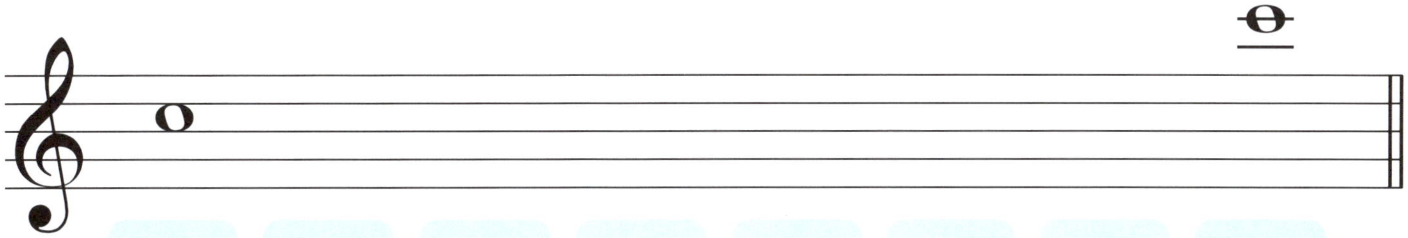

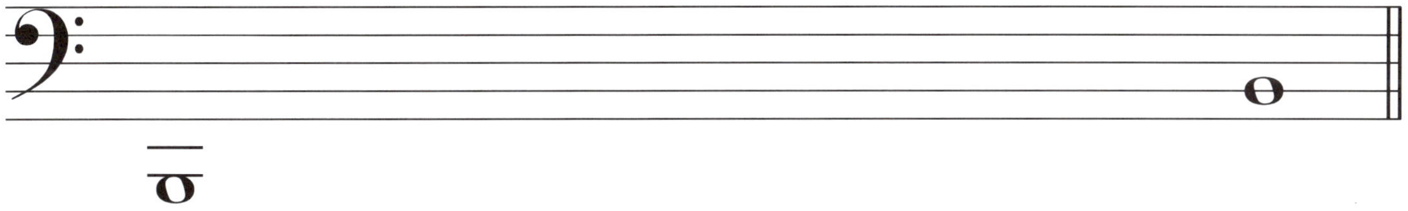

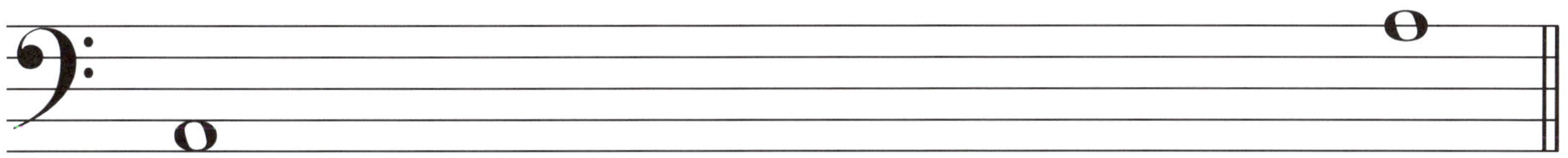

 계이름을 쓰고, 맞는 건반을 찾아 연결하세요.

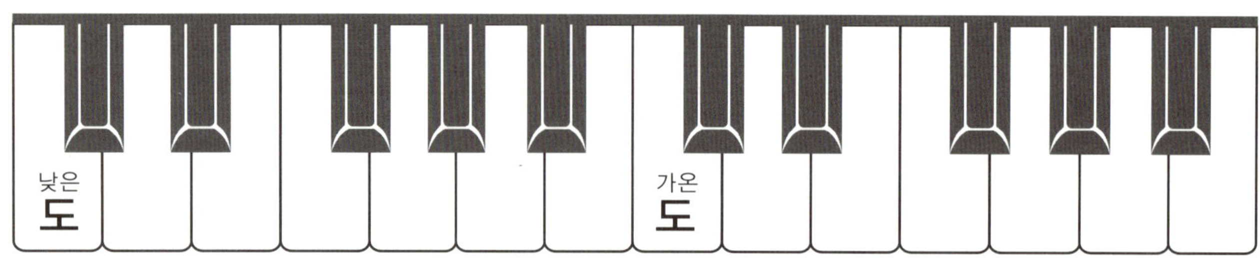

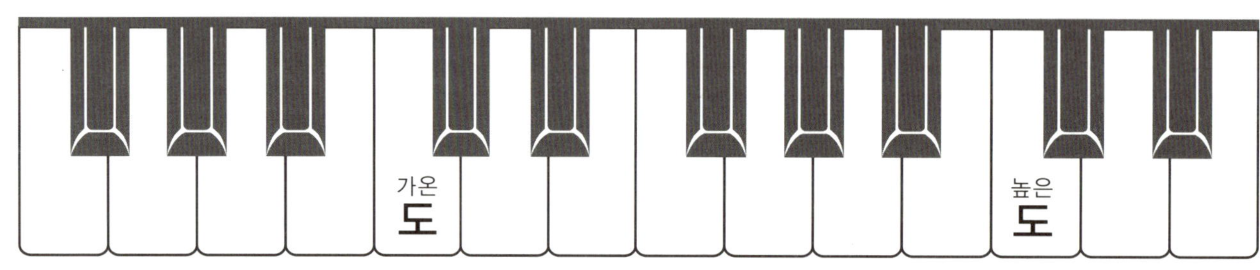

 계이름을 쓰고, 맞는 건반을 찾아 연결하세요.

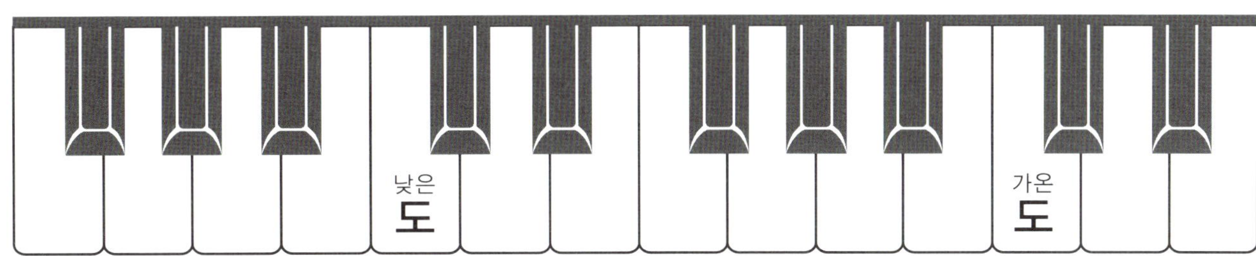

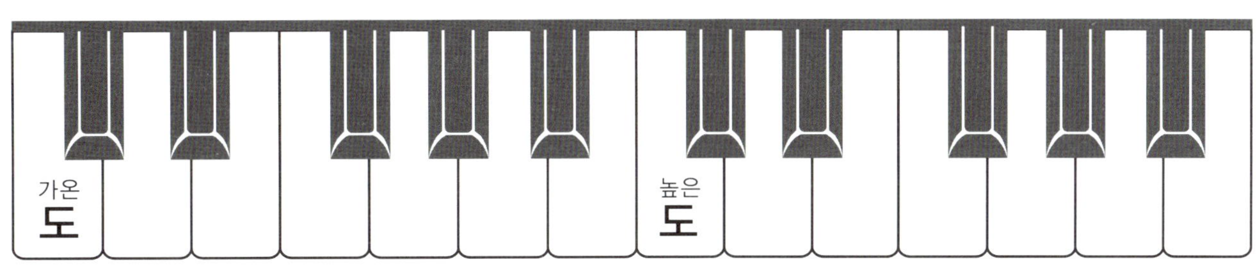

 계이름을 쓰세요.

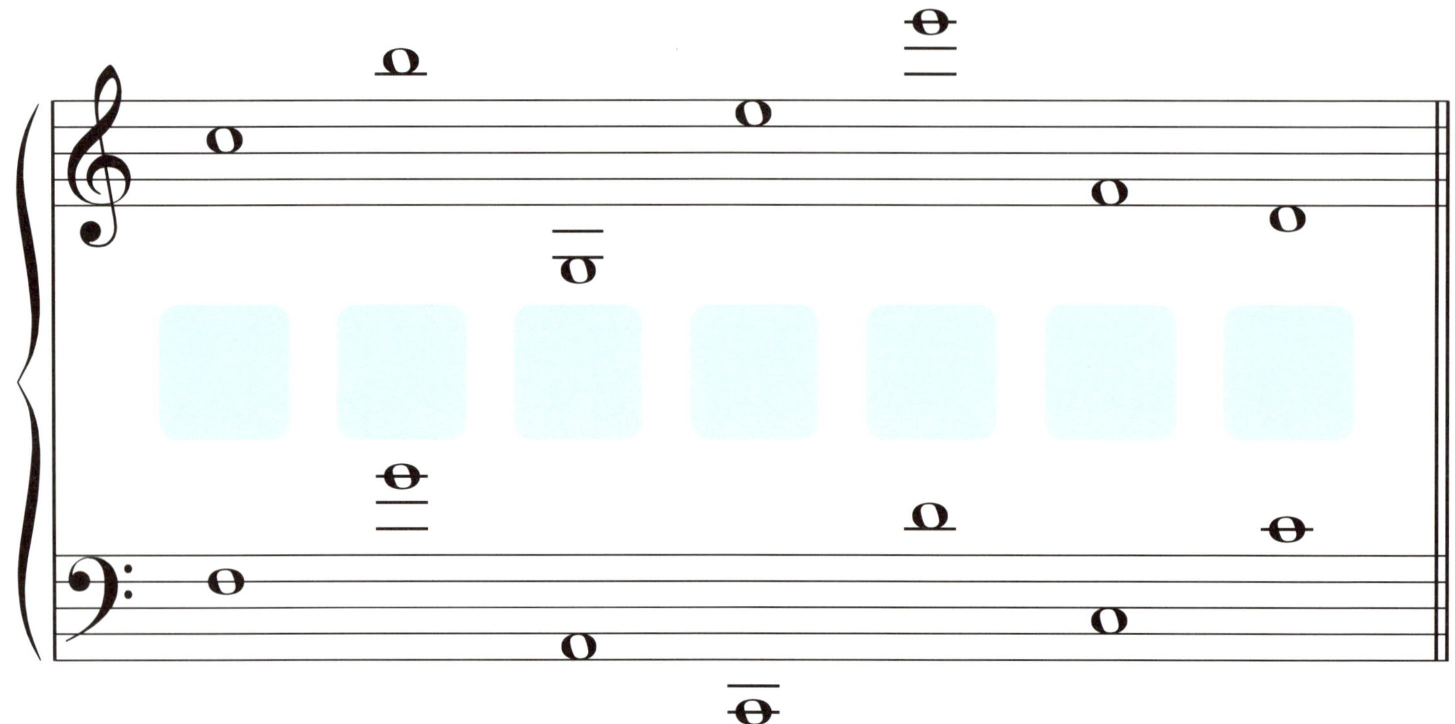

계이름을 쓰세요.

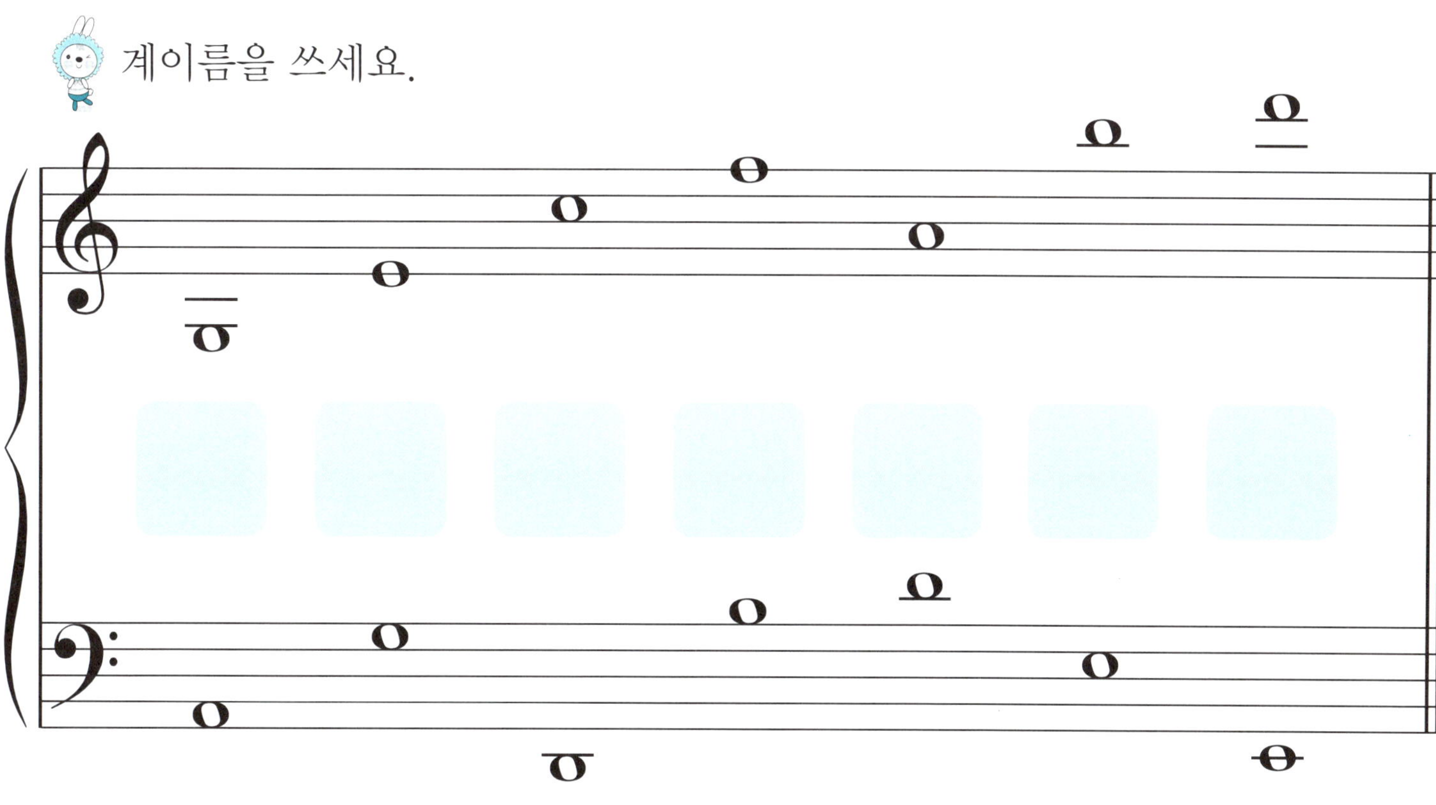

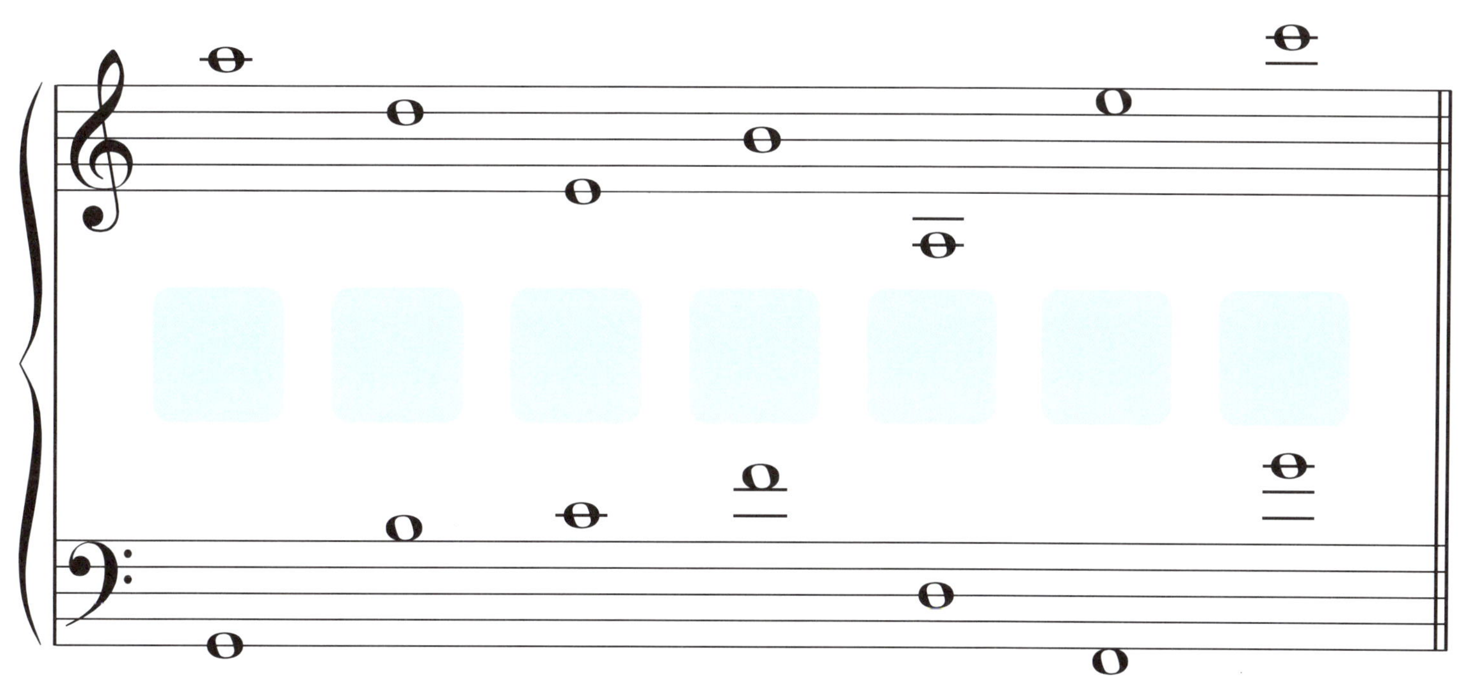

쏙쏙 계이름 테스트 7

 계이름을 쓰세요.

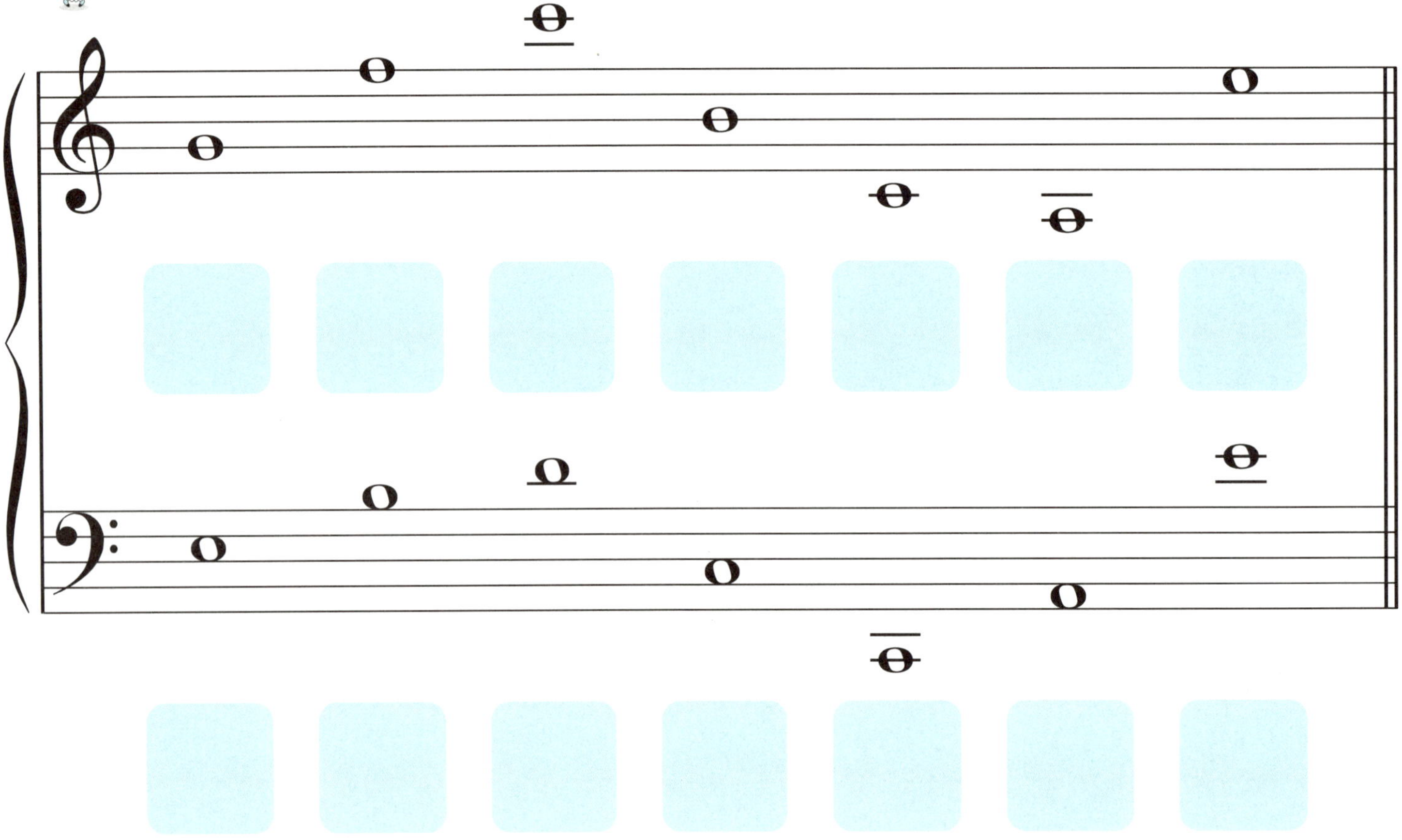

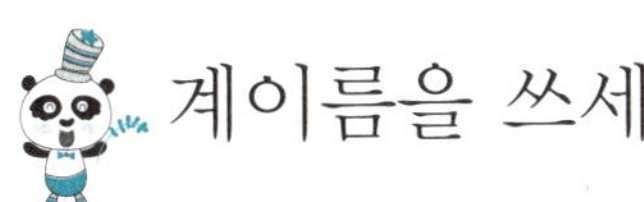 계이름을 쓰세요.

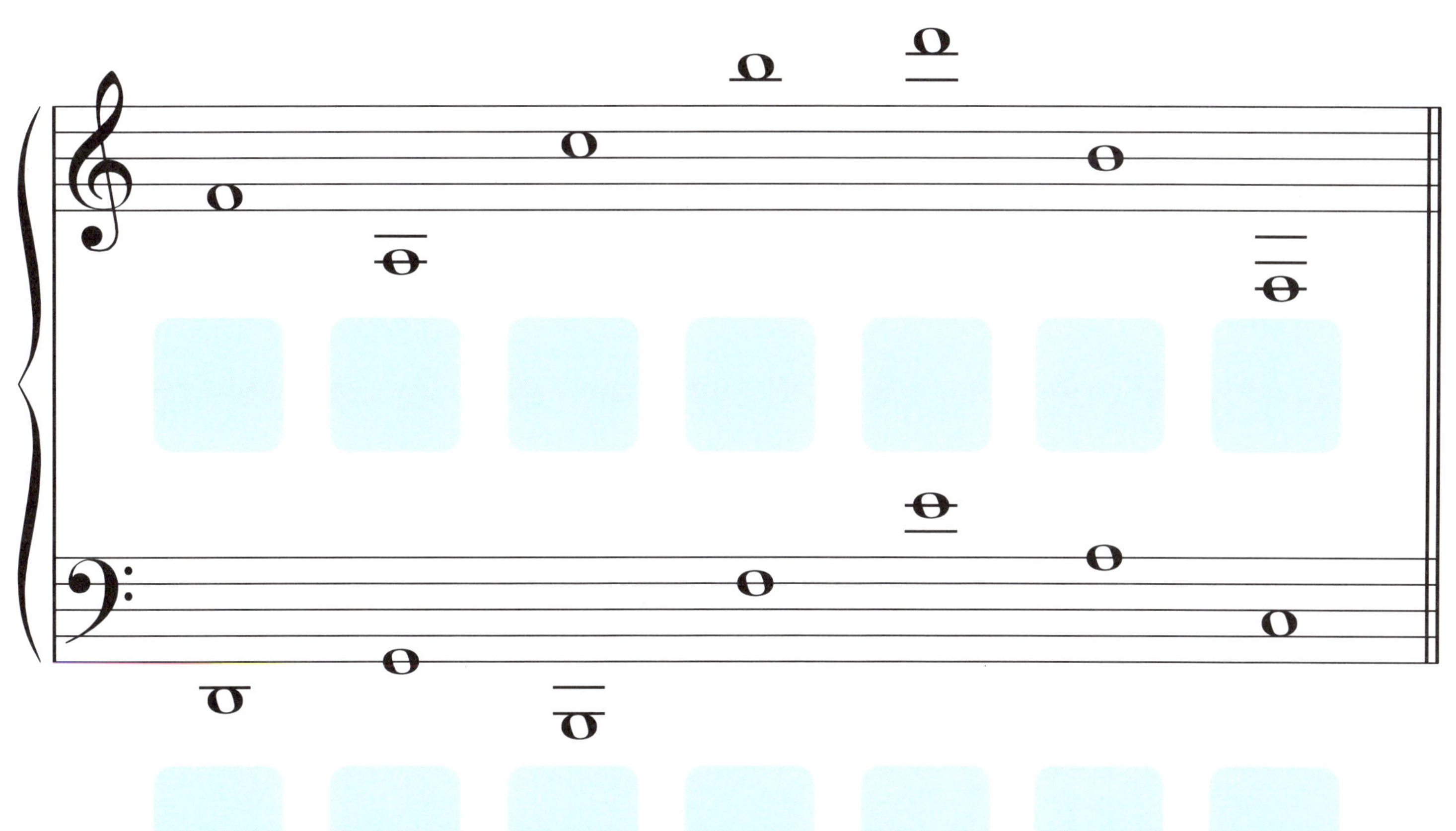

 건반 번호에 맞는 음을 그리고, 계이름을 쓰세요.

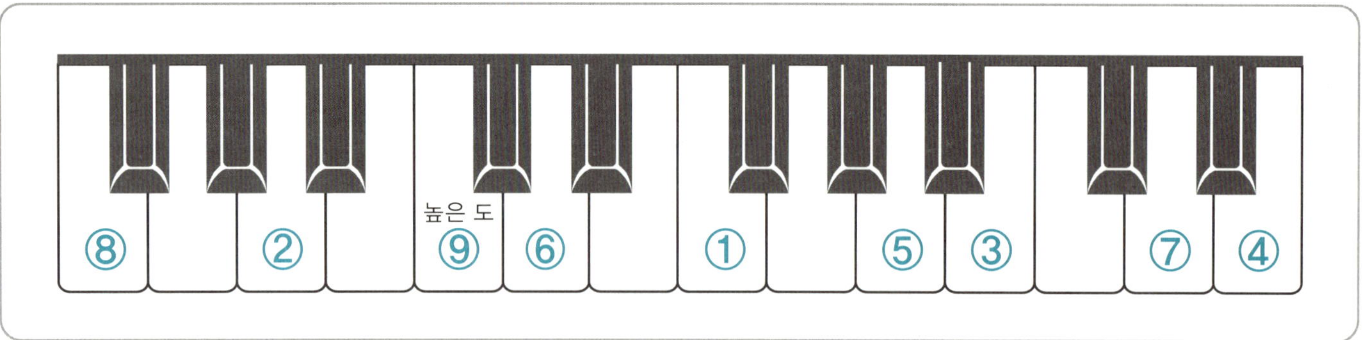

쏙쏙 계이름 테스트 10

 건반 번호에 맞는 음을 그리고, 계이름을 쓰세요.

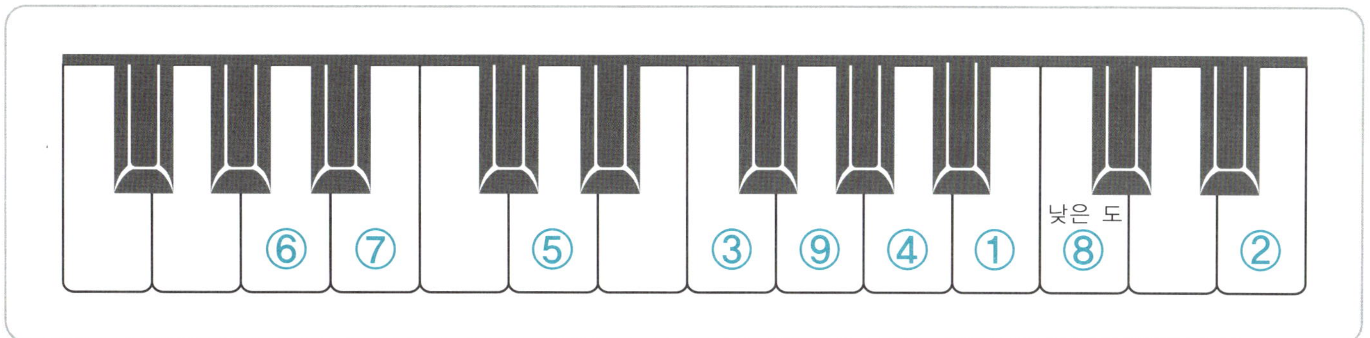

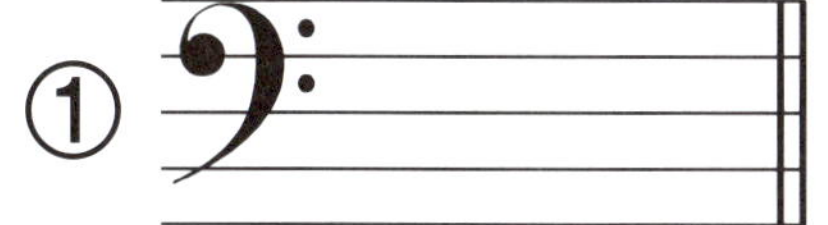

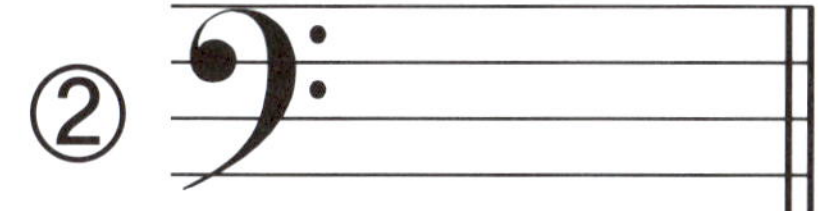

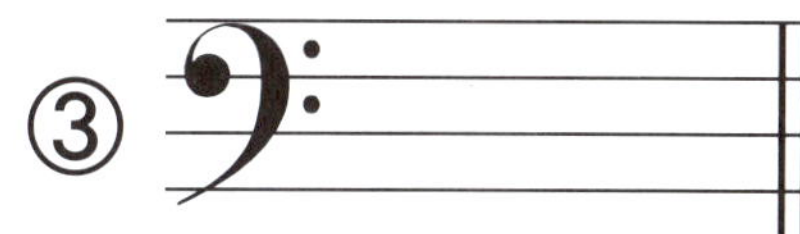

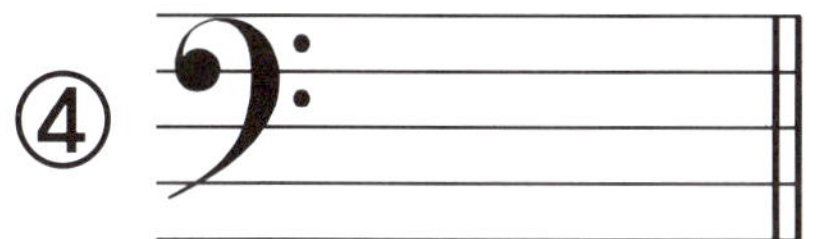

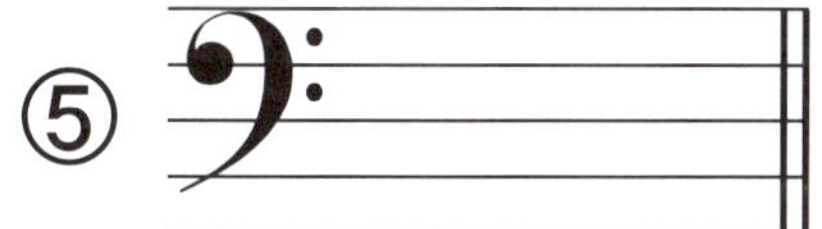

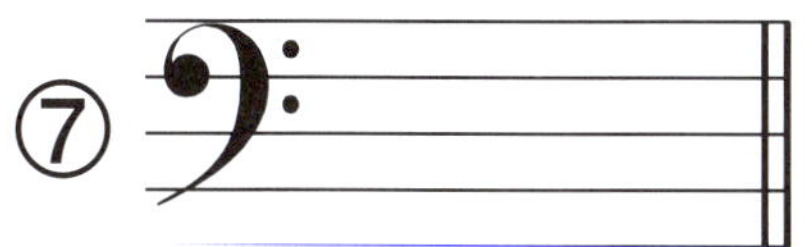

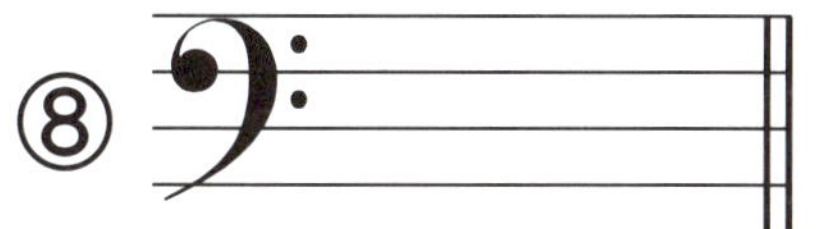

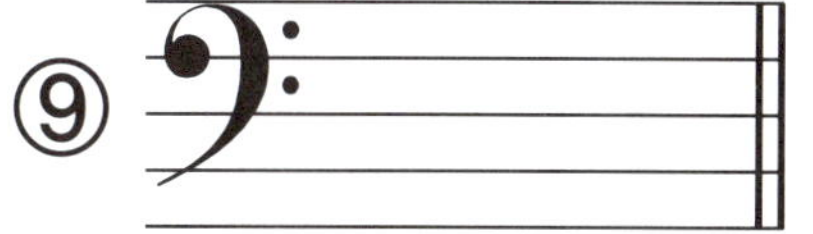

쏙쏙 계이름 학습장 ② 세광음악연구회 편

발행인 박현수
발행처 세광음악출판사 | 서울특별시 구로구 벚꽃로76길 27
          Tel. 02)714-0048, 50(내용 문의)   Fax. 02)719-2656
          http://www.sekwangmall.co.kr

공급처 (주)세광아트 Tel. 02)719-2652   Fax. 02)719-2191

등록번호   제 3-108호(1953. 2. 12)   **인쇄일** 2026. 1
ISBN   978-89-03-12208-1 93670